UnRead
—
思想家

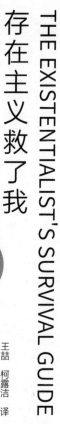

THE EXISTENTIALIST'S SURVIVAL GUIDE

存在主义救了我

写给现代焦虑者的哲学指南

[美]戈登·马里诺 著

王喆 柯露洁 译

Gordon Marino

How to Live
Authentically in
an Inauthentic Age

北京联合出版公司
Beijing United Publishing Co.,Ltd.

谨以此书

献给我心中所爱

苏珊·埃利斯·马里诺

目录

引 言

　　我希望这本书能体现真诚。我这么说，并非不尊敬其他作家或勤于思考之人，但在我看来，以不炒思想史冷饭的方式真诚下笔，或许能汲取并传播索伦·克尔凯郭尔（1813—1855）等存在主义哲学家的些许智慧。自成年以来，我对他们的学说用力颇深。

　　斯多葛学派的哲学家塞涅卡（前4—65）告诉我们："和哲学家一起学习，每天都应该有所收获，应该日渐明智或趋于明智。"对于像我这样数十年来与克尔凯郭尔及其追随者并肩而行的人来说，上面这句话真是至理名言：要么我因而变得更为明智，要么我便是在浪费时间。若是前者，那我应当能够传递些许智慧；若是后者，那我就应保持缄默，心无旁骛地整理存在主义思想史。

　　存在主义是哲学联邦中的一员，而哲学就是爱智慧（而非知识），这里的智慧，可以被理解成一种有关如何生活的前理论认识。神经质的我在最终提笔写这本书的时候，开始觉得自己传授不了什么有价值的东西，哪怕连拾人牙慧都做不到。我知道，再没有比一个作者在书中抱怨写书困难更令人厌烦的事了。这就好像文字处理软件变成了战火纷飞的阿勒颇（Aleppo）[①]！然而，当我第一次坐到键盘前，面对屏幕上的空白文档时，就像一个拳击手被重重击倒，卧床不起。对我来说，写作就像与胸无点墨、空洞无趣的自我进行搏斗。

我天生福薄，总是忧心忡忡。其实，我应该算是忧郁人群中情况最严重的那一类。不客气地讲，我就是个彻头彻尾的抑郁症患者。平心而论，我一直很努力地做个好人，至少从我脱离了游走在法律边缘的日子以来，我一直竭尽所能地教书育人。但我不是道德楷模，也不是什么圣人，一如我不是那种能够知足常乐、安然入睡，第二天清晨起床还能元气满满地拥抱新一天的人。

本书旨在阐述存在主义哲学家针对如何更好地生活所提出的真知灼见。书中提到的这群人除了资质过人以外，在幸福感和道德水准上，和我相比也不过半斤八两。其实对于普罗大众来说，存在主义哲学家就是名副其实的神经病。那么，这些人（抑或是我——他们的追随者）何德何能，竟然要给人们开具生活的药方？

读到这里，你或许会觉得我接下来要说"从另一方面来看""尽管……但是"，例如"尽管我的话削弱了本书的中心思

---

① 叙利亚北部重要城市。——译者注，下同

想，但请继续读下去"。嗯，没错，下面我会说"但是"——尽管我缺点不少，问题很多，但是存在主义哲学家，尤其是克尔凯郭尔，能帮我一一克服。虽然听起来有些矫情，但克尔凯郭尔确实曾抓住我的肩膀，将想要自挂屋梁的我一把拽下。

克尔凯郭尔、尼采（1844—1900）和陀思妥耶夫斯基（1821—1881）[1] 等存在主义哲学家坦然面对生活，出淤泥而不染，过着真实的生活。他们比其他任何派别的哲学家都要了解我们内心的挣扎，比如，焦虑、抑郁以及对死亡的恐惧等情绪。如今，这些人类内心的纠葛通常被人们用医学术语归类。但是，存在主义哲学家则以其独特委婉的方式提醒我们换一种视角看待这些负面情绪。下面，我将尽力把这些视角呈现给大家。

克尔凯郭尔、尼采和陀思妥耶夫斯基等存在主义哲学家坦然面对生活，出淤泥而不染，过着真实的生活。

想必一些读者肯定对"存在性威胁"（existential threat）这一表达有所耳闻，但对存在主义却一无所知。对于那些歪着脑袋

---

[1]　俄国作家，其小说《地下室手记》被认为是存在主义文学的开创性作品。

问"什么是存在主义"的人，我已经准备好要做一个调查问卷了。

存在主义哲学家长久以来一直在思考有关生命本身有何意义的问题，那些我们一旦从停靠的港湾中起航，开启每一天的生活，便会浮现在眼前的问题。

我所倚靠的存在主义，究其本质而言，就是强调"个人"。这一流派的哲学家从第一人称视角出发，由内而外地思考存在。形形色色的哲学家之中，该把哪些人归入存在主义阵营，对此，众说纷纭。只有让-保罗·萨特（1905—1980）曾接受"存在主义哲学家"的称号，但没过多久他就撕掉了这个标签。除此之外，学者们并没有官方统一的存在主义哲学家名单。比如，我在编辑《存在主义重要作品集》（*Existentialism: The Essential Writings*）时，就选择了阿尔贝·加缪（1913—1960）——从诸多方面来看，他似乎明摆着就是个存在主义哲学家，并且几乎每部存在主义作品集都收纳了他的作品。然而，在我浏览大卫·E.科珀（David E. Cooper）的名作《存在主义》时，却发现这位著名教授并不认同加缪是个存在主义哲学家，因为"加缪和其他存在主义作家的不同之处在于，他的写作目的不是减轻、克服那种与世割裂的疏离感"。真奇怪，我本以为作家们只要竭尽全力表

现出这种疏离感，就能加入存在主义阵营。

更复杂的是，许多作家虽然被归为存在主义哲学家，但他们并不觉得自己是哲学家。大多数时候，你只有在哲学系才能找到研究存在主义的课程，然而，虽然在存在主义作品集或存在主义课程的大纲上很少能见到亨利·戴维·梭罗（1817—1862），但将这个与克尔凯郭尔同时代的哲学家归入存在主义阵营，绝对是没有问题的。

虽然没有统一的存在主义哲学体系，但一系列哲学主题还是将这些天差地别的知识游侠联系到了一起。存在主义哲学家长久以来一直在思考有关生命本身有何意义的问题，那些我们一旦从停靠的港湾中起航，开启每一天的生活，便会浮现在眼前的问题。有人认为，存在主义萌芽出现在科学开始取代信仰［用马克斯·韦伯（1864—1920）的话来说，便是"挣脱自然之魅惑"］之时。都怪哥白尼，他唤醒了沉浸于幻梦中的人们。从此，人们不再相信伊甸园是地球的中心，地球又是宇宙的中心，上帝仿佛置身于戏院那样在宇宙中俯瞰着人类历史的一幕幕。存在主义这个令人费解的学说横空出世还有一个原因，即随着西欧民族国家的崛起，纲常分明的封建制度土崩瓦解，人们逐渐认识到自己在社会和宇宙中的地位。

到了近代，灾难降临时，存在主义蓬勃发展。经历了第一次世界大战的腥风血雨，许多人求助于认为人生并非由理性主导的作家，以期理解（至少能够应对）人类的疯狂行为。第二次世界大战和灭犹大屠杀再次突破了人类疯狂的底线，人们对存在主义的兴趣迅速高涨。

然而，20 世纪中叶，当存在主义逐渐为人所接受的同时，分析哲学也在英美高校内大行其道。该哲学流派源于奥地利哲学家鲁道夫·卡尔纳普（Rudolf Carnap，1891—1970）倡导的逻辑实证主义运动，逻辑实证主义认为如果命题无法被验证，便不值得思考。而随着形式逻辑的不断发展，人们的思维逐渐固化，疯狂追求逻辑的形式和清晰性。

如果按照《圣经》区分语言和精神的方法，分析哲学的精神就在于剔除一切和形而上学相关的成分，抛弃那些无法回答的有关哲学本质和根源的问题。笃信分析哲学的人认为，所有无法清晰定义的东西都是一派胡言，要么应弃之不顾，要么应将其交由诗人处置。

我想起了在宾夕法尼亚大学读研时参加的一次研讨会（20 世纪 80 年代初，宾夕法尼亚大学是分析哲学的大本营）。上课之前，一位赫赫有名的教授高声朗读了克尔凯郭尔的一句话（这句话概括了本书的主旨，接下来我还会多次引用）："**自我是一种自身与自身发生关联的关系，或者是在一个关系中，这关系自身与自身所发生的关联。**" [1]（《致死的疾病》）教授放下课本，轻笑几声，不无遗憾地大声说道："一个理性的人怎么会把这'盘'字当真呢？"

---

[1]　原句："The self is a relation that relates itself to itself or is the relation's relating itself to itself in the relation."

尽管当时的我初出茅庐且暗自追随克尔凯郭尔，但"盘"这个比喻实在太形象了，就算克尔凯郭尔听到，怕是也会忍俊不禁吧。

如果存在一条可以判定存在主义哲学家的标准，那这标准便是对学院派哲学深恶痛绝。马丁·海德格尔（1889—1976）教授就是鼎鼎有名的例子。虽然克尔凯郭尔获得了神学博士的学位，但他从来都没有当过教授。事实上，克尔凯郭尔表达过对学者的轻蔑，在他看来，虽然这些学者构建起抽象的城堡，他们自己却住在"狗窝"里。克尔凯郭尔瞧不起这些教授，将他们视为虫豸，鄙视他们没有真才实学，只会拾人牙慧。存在主义"三巨头"——萨特、波伏娃（1908—1986）、加缪，虽然是高产作家，但都没有在大学就职过。尼采年轻时就早早地辞去了巴塞尔大学的教授一职，理直气壮地对自己说："我不是人，我是超人。"他斥责那些手握粉笔的教书匠缺乏勇气与创造力，辱骂他们是"死守概念的干尸"。

存在主义至少有两个分支，其中之一是现象学，该学派主要从认识论角度探讨我们能知晓与不能知晓的东西。该流派诞生于德国犹太哲学家埃德蒙德·胡塞尔（1859—1938）的几部开拓性巨著。埃德蒙德·胡塞尔在其导师弗朗兹·布伦塔诺（Franz Brentano，1838—1917）[①] 的启发下创建了现象学。布伦塔诺发现，

---

① 德国哲学家、心理学家，他影响了包括胡塞尔、迈农（Alexius Meinong）、卡济梅尔兹·塔多斯基（Kazimierz Jerzy Skrzypna-Twardowski）在内的许多著名哲学学者。

观念、想法、感觉等意识活动和物质世界的东西不同，前者具有意向性，常常指代超出其自身的东西。比如，我脑海中窗外那棵松树的意象超越了意识的范畴。然而，松树本身却无法指代任何东西。简而言之，人们将观念投向了某物，而某物只是其自身而已。

如果我们只对外在物体存有印象和观念的话，如何确信这些物体是真实存在的呢？毕竟，人和世界是由观念联系的，你无法在脱离观念的情况下去检验观念是否在所谓的真实世界中指代某些物体。哲学家将这种两难的境地称为 **"自我中心困境"**（ego-centric predicament）。胡塞尔对这类问题采取迂回战术，创造了现象学，该术语源于希腊语的 "现象" 一词。他恳请我们摘掉概念的眼镜，重新认识世界，他号召人们 **"回到事物本身"**（back to the things themselves）。胡塞尔凭直觉 "排除" 事物存在的问题，转而力图对事物自身做出纯粹描述。尽管有些勉强，但胡塞尔要求我们不要凭借概念来看世界，而是以孩童的目光重新审视世界。萨特是胡塞尔的追随者，他既是一位传统意义上的哲学家，也是一位小说家。萨特在小说《恶心》中列举了许多例证，以胡塞尔的方式审视世界本来的样子。小说的故事发展到一半，主人公洛根丁（Roquentin）紧盯着一棵栗子树的树根，心想："这个树根……以一种我无从解释的方式存在。它盘根错节，无法动弹，没有名字，让我痴迷，我盯着它，不停地思考它的存在方式……我很清楚，你无法将其身为树根（如水泵般吸取水分）

之功能付诸其如海狮般厚硬的皮肤，付诸其油腻、起结、顽强的外观。"水泵的比喻帮你了解树根的共性，却不能解释洛根丁眼前这个树根具体的特征，这些特征从不同角度看都是不同的。

胡塞尔因强调具体存在而被誉为存在主义先驱。而现象学家（包括追随胡塞尔的萨特在内）主要着手解决意识结构问题。萨特在他那本有时让人摸不着头脑的巨作《存在与虚无》中描写了这样一个场景：一个男子正透过锁眼偷窥一位女子，突然这个偷窥狂感觉有人走到了他的背后，他顿时羞愧不已，觉得自己从观察的主体变成了观察的客体。通过对这一场景的详细描写，萨特证实了"同他的存在"（being-with-others）与"为他的存在"（being-for-others）是意识不可分割的部分。

海德格尔和萨特都是实践现象学方法论的先驱，但这一方法论并不为英美哲学家所接纳。不论你相信与否，我随机截取了萨特《存在与虚无》中的一段话，这段话说得直截了当：

> 因为意识内部藏着"在其内部"这一本体论角度的本源，因而意识是一种抽象概念。相反，因为现象必然会为意识所"反映"，所以现象也是抽象的。

萨特以这一思想为中心，一写就是六百多页，一直在阐述因为意识本身就是意识的客体，因而，意识是抽象的。对于我的研究生院的分析说服学教授来说，这种主张便是路德维希·维特根

斯坦（1889—1951）所说的"正在休假的语言"。现在，面对如
此羞辱，存在主义现象学家可以这样反击："干巴巴的经院派语
言是时候跳出藩篱好好休个假了！"

　　但还有另一派存在主义哲学家，对于他们来说，"存在"所
研究的对象是具体的存在，而非脱离现实的抽象理论。本书中大
部分观点取自克尔凯郭尔、列夫·托尔斯泰（1828—1910）、陀
思妥耶夫斯基、米格尔·德·乌纳穆诺（Miguel de Unamuno，
1864—1936）[①]、加缪等文采飞扬的存在主义代表。其他不说，单
凭这些作家行云流水的文笔以及勇于直面世间纷扰的胆量，便能
如磁铁一般吸引读者注意力，让人不忍释卷了。

　　从前苏格拉底（前469/470—前399）时代起〔在柏拉图
（前427—前347）的对话录中，前苏格拉底哲学家的影响力仍十
分显著〕，哲学家们就从未停止争论，究竟什么才是智慧最佳的
寓所——神话、寓言故事、诗歌、理性、解释、推理。接下来，
读者将会领略存在主义哲学家是如何恰到好处地将诗歌和推理这
两个要素相互融合的。我将在这些作家的帮助下稳步前行。他们
当中绝大多数人的学说都能逻辑自洽，但他们仍然选择将自己对
"如何生活"的见解寄托于寓言故事。

　　克尔凯郭尔在哲学领域才华横溢，他在本书中将会以诗人哲

––––––––––––––––––––––

①　西班牙著名作家、哲学家，著有小说《迷雾》。

学家或哲学诗人的形象出现。然而，他打心底里认为自己是一个歌德式的浪漫诗人。在他并不算连贯的作家生涯中，与其说他所有的论述以逻辑见长，倒不如说是颇有神话意味。究竟要如何传达那些可以改变和维持人生状态的真理呢？克尔凯郭尔独创了一套方案并将其付诸实际，这套方案就是"间接交流法"。

在克尔凯郭尔看来，我们的知识储备足以应对生活中的一些本质问题，比如，如何成为一个正直而有信仰的人。培养刚正不阿的品质绝非易事，而获得新知也并不是培养这一品质的必要条件。正如鲍勃·迪伦所言，你不需要一位德育教授来教你如何明辨是非，正如没有天气预报员，你也能知道风向。我们真正最需要做的是热情地拥抱思想——即便这种说法听起来有点太无趣、太抽象。这时，寓言故事就可以派上用场了。

在克尔凯郭尔看来，我们的知识储备足以应对生活中的一些本质问题，比如，如何成为一个正直而有信仰的人。培养刚正不阿的品质绝非易事，而获得新知也并不是培养这一品质的必要条件。

克尔凯郭尔认为，宗教式的说教是有关道德和精神生活的对话，其目的不是传播思想，而是唤醒良知，鼓励人们多关注正确

的东西。克尔凯郭尔最为深刻的日记之一是他 21 岁度假时写的。当时，他在日记中提醒自己：“只信奉发人深省之真理。”人们对真理的渴求不应仅限于求知，而应凭借真理塑造自己，就算不能让自己更幸福，也至少要让自己更优秀。虽然我会因此被冠以说教的高帽，但我们应当对这样的真理诚心以求，并将其运用到生活中。

人们对真理的渴求不应仅限于求知，而应凭借真理塑造自己，就算不能让自己更幸福，也至少要让自己更优秀。

与自视为哲学家的人交流，不出片刻，你便会直面这个问题：“你的论点是什么？”柏拉图及其老师苏格拉底认为，几何证明是论证的典范。然而，存在主义的论述往往采用讲故事或者描写刻画的形式。凡有共鸣者都可以在故事中看到自己的影子。

苏格兰哲学家大卫·休谟（1711—1776）提出了许多令人费解的哲学问题，自他逝世后，哲学家们就一直试图揭开这些谜团。然而，休谟临终前却欣然地把这些问题丢到一边，走出书房打起了台球，仿佛他并未因这些谜团而寝食难安。相比之下，存在主义哲学家（如斯多葛派）通常认为哲学是一种生活方式，而他们会以极为认真的态度来看待和思考。

比如，加缪在其唯一一本哲学专著《西西弗的神话》的开篇，写了如下几句金玉良言：

> 真正严肃的哲学问题只有一个，就是自杀。评判人生值不值得一活，本身就是在回答这个最为基本的哲学问题。其他问题，诸如世界是否有三个维度、精神有九种还是十二种范畴，都是次要的，都只是小把戏而已，人们必须先给出这个最基本问题的答案。

给出什么答案呢——"人生值不值得"。用莎士比亚的话说："生存还是毁灭？" 29 岁的加缪写下了这句话，仿佛用手指戳着读者的胸膛，决绝地说着，若"人生不值得"，那我们不如自杀算了。在加缪看来，人对意义的渴求与生俱来，而宇宙却冷若磐石、意义寥然。所谓人生，便是人和宇宙的冲突。加缪建议我们还是把了结自己的念头收回去。荒诞的意识值得拥有，正如加缪所说："蔑视能战胜一切命运。"若不蔑视，付之一笑亦可。

分析学派哲学家托马斯·内格尔反对加缪的荒诞哲学，认为加缪就是个疯疯癫癫的可怜虫，而他则沉着冷静地将这种荒诞经历的起因解释为人类从两种不同视角看待人生的独特能力：一种是在工作中保持活在当下的视角，另一种是从永恒中看生命的客观超然的视角。若从后一种视角出发，世上发生的事情似乎都是琐碎繁杂的，纷纷扰扰皆是徒劳。或许内格尔教授彼时正穿着蹭了粉笔灰的灯芯绒裤子，为荒诞之人开了这剂带有讽刺成分的解忧药。在这一点上，存在主义哲学家又和休谟、内格尔不同——饮酒作乐、下棋消遣不足以使其放弃思考自己的问题。在《两个时代：一篇文学评论》(*Two Ages: A Literary Review*)一书中，克尔凯郭尔断定，客观超然地看待人生等同于自杀，因为人是有活力的，若一直试图以事不关己的超脱态度看待生命，就扼杀了利己之心，掩去了活力的熠熠光芒。

如前文所述，关乎"意义"的问题举足轻重，无论是像"生命的意义是什么"这样的大问题，还是其他具体问题。例如，在本书后文，我们将会发现克尔凯郭尔以"约翰内斯·克里马库斯"(Johannes Climacus)的笔名，连篇累牍地描述了死亡的客观事实，旋即又激动地仿佛拽住读者的衣领提醒——即使洞悉世间所有事实，仍不足以一窥"我将死去"这句话的意义。这些头戴贝雷帽、身穿黑衣的作者强调"我"的重要性，强调从第一人称出发、由内向外地思考，这些便是存在主义观点的特征。

正如本书所要讨论的，真实是一个通用主题。我们所生活的这个时代，表象似乎比真相更重要——某种程度上，这要归咎于无孔不入的社交媒体和大众对社交媒体的极端依赖。如今，人们不再重视真实。比如，朋友向我发了一份邮件通知我，他生病了，不得不取消和我的午餐。邮件页面的底端显示了三个自动回复选项："不会吧！早点好起来""感谢告知，我理解""祝您早日康复"。我犹豫再三，最后向下滑动鼠标，点击了第一个选项。然而，这样冰冷虚伪的回复令我备感窘迫。

克尔凯郭尔几乎不曾使用"真实"（authenticity）这个术语，尼采也从不认为真实是种美德。但是，20 世纪 50 年代末到 60 年代，"真实"和"存在主义"开始成为两个密切相关的术语。这也并不奇怪，毕竟，当时各领域的存在主义者都力求真诚待己，言出必行，活出真我。当时的美国人深感被一种隐蔽却强大的力量监控着，这力量要求他们循规蹈矩，《麦田里的守望者》《穿灰色法兰绒套装的男人》《推销员之死》等小说无不体现了这一点。面对社会所宣称的"个体主义"，人们一直心怀忧虑，担心自己变得虚伪，为了追名逐利而出卖灵魂。

1946 年，关于这一主题，流传最广的文章便是《存在主义是一种人道主义》。这篇文章的作者萨特认为，对人类而言，"**存在先于本质**"（existence precedes essence）。萨特是这样解释的：人工制品是带有目的性的创造，其目的即是其本质。萨特拿剪刀举例：剪刀的用途就是裁剪，这就是它的本质。但人类的本质则截然相反。萨特坚信人类并不是由上帝计划周详地、目的明确地创造出来的。对于萨特来说，"我"的本质是由我自己选择的。我们用选择界定自己，而这些选择连同自由一起，构成了存在主义哲学家共同探究的另一个主题。其他哲学家谴责存在主义哲学家，认为他们只是在搞心理学而已。从某种程度来说，这种说法不无道理。与美国哲学协会的大多数哲学家相比，存在主义哲学家更重视人的情绪和情感。前苏格拉底时代的一位哲学家赫拉克利特①有句名言——"人不能两次踏进同一条河流"，这说明了万事万物处在运动之中。西方哲学中的智慧沉淀大都在着力寻找心灵的罗盘，探寻在内心和外界的不断变化下，人们该如何保持沉着稳健。

苏格拉底、巴鲁赫·斯宾诺莎（1632—1677）、伊曼努尔·康德（1724—1804）等哲学家的心灵罗盘是理性，感性则是可能扰乱心灵罗盘的指针——快乐、抑郁、焦虑等情绪会破坏我们内心的平衡稳定。但是，还有一群哲学家支持感性。在中世纪晚期被奉为"哲学家"代名词的亚里士多德（前384—前322）认为，想要成为一个品德端正的人，就必须在适宜的时机下，适度地流露出恰当的情感。头脑敏锐的休谟则认为，促使我们成为更善良的人的是同情心而非理性。

存在主义哲学家不仅了解人的感知，而且还研究人的情感。克尔凯郭尔、海德格尔、萨特都认为，焦虑之类的情绪体现了人的自我认知。克尔凯郭尔更是认为抑郁可以指引孤立无援的我们

---

① 生卒年不详。前苏格拉底时期的古希腊哲学家大都无法确定生卒年。

全心全意地信仰上帝。存在主义哲学家没有否认人的焦虑、抑郁、嫉妒、负罪感，而是直击这些令人不安的情绪。萨特在一篇文章中提到，不安情绪会造成生命形态的扭曲，存在主义哲学家在研究这些情绪上用力颇深，因此招致批评家的指责，认为存在主义过分悲观消极。

当然，如果人生一帆风顺的话，我们就不会有什么恶念，可惜人生并非如此。曾经，我和一名年轻的运动员聊天，当时她十分沮丧，因为她被诊断出风湿性关节炎。这名运动员曾为了练出六块腹肌而刻苦训练，这本是她运动员身份赖以为继、焦虑情绪得以排解的方式。无法一如既往地拼尽全力训练谈不上是什么世界末日，但是如今，她没法再把体能训练当作宣泄愤怒、失望、焦虑的出口，只能靠自己努力维持良好的心态。

圣保罗（Saint Paul）[①] 曾提及"存在的呻吟"。而存在主义哲学家认识到，如何承受生命中不可避免的打击，于我们的生命而言，至关重要。

这里，我再强调一次，支撑我活下去的存在主义是从第一人称思考问题的。所以，我似乎需要简单介绍一下我的个人经历，或者说，那段克尔凯郭尔等人陪伴我走过的人生之路。

---

① 　基督教早期重要人物。

> 圣保罗曾提及"存在的呻吟"。而存在主义哲学家认识到,如何承受生命中不可避免的打击,于我们的生命而言,至关重要。

自小我的家里就不太平,父母三天一小吵、五天一大吵,吵完便借酒浇愁。某天晚上,父亲喝得醉醺醺的,当母亲正要拿刀刺向他的胸口时,哥哥拦住了她。世界上还有许多人经历了比这更糟糕的事。至于我的那对冤家父母,他们无疑是爱我们的,也必然会愿意为我们牺牲,然而从小生活在这样一个硝烟四起的家庭,对我是绝对没什么好处的。

我在学校经常惹是生非,有时还会进警察局。20世纪70年代初,我正值年少,当时,由于我皮制的球类运动都玩得不错,被博灵格林州立大学(Bowling Green State University)录取,进了甲级橄榄球队。能让我那位郁郁寡欢的父亲开心的事不多,我在棒球场和橄榄球场上的突出表现算得上一件。只要是我做投手完封,或者抱球达阵,都会让我感觉得到了父亲的认可。毋庸置疑,生活中若没有认可,就如同没有阳光,是很难成长的。

瑟奇·卡普勒(Serge Kappler)是一位似乎有魔力的教授。大一的时候,托他的福,我迷上了哲学,尤其喜欢苏格拉底。苏格拉底最著名的当属他的名言:未经思考的人生不值得一过。但除此之外，苏格拉底在《申辩篇》[①]中似乎还认为检验每个人和每件事都是当务之急。于当时的我而言，苏格拉底在质问、提问、回答、再提问这一系列环节中运用的辩证手段就像是一个新奇的玩具。当时的我很幼稚，无论去哪儿都要带上这本书，哪怕去训练也会把书带到场边。某个周二的下午，我们比赛输了，新生教练打算痛骂我们一顿，他怒斥道："我是想要你们上场教训对方。"他是个好人，因此我现在知道了他仅仅是想让我们上场去"撞人"。但当时我有些较真，于是，我想象自己是戴着橄榄球头盔的苏格拉底，问道："教练，你为什么要我们去教训人？"教练翻了个白眼，敲了敲腿上的笔记板，转身走了。

　　第二学期，卡普勒教授把我拉到一边，告诉我他觉得我不仅天资聪颖，而且有创造力和哲学天赋，但是在锻炼头脑方面，得要拿出训练时的那股认真劲儿才行。刚获得博士学位的卡普勒教授当时约 25 岁，他发现我正在偏离正道。在哲学课堂上，我表现得像个在酒吧里的小混混，和校园警察起冲突也成了家常便饭。很多教授在我面前都十分小心谨慎，故意冷落我，认为我是个四肢发达、头脑简单的蠢货。相反，瑟奇（他让我这样称呼他）是个例外：他大老远跑到行政楼，调查我高中的在校记录和学习成绩；他经常邀请我去他家；虽然当时我只是个大一学生，

---

① 柏拉图著，此篇通常是《苏格拉底之死》《柏拉图全集》等书中的章节。单独成书时，在国内又被称作《苏格拉底的申辩》，学界一般简称《申辩篇》。

但他还是让我参加关于柏拉图的研究生研讨会。虽然颇费了一番周折，不过瑟奇最终成功帮我转学进了哥伦比亚大学。

我曾是个易怒、自卑、恶习缠身的泽西海岸少年，压根儿没在纽约待过。当时我 19 岁，一个稚嫩而失衡的年龄。我在城市里飞扬跋扈，沉溺于酒精、药物甚至暴力。我几年前在新泽西学过拳击，到哥伦比亚大学后也没有把握机会好好锻炼心智，而且常春藤名校的学霸们让我备感压力。最终，我退缩了，一头钻进了痛苦与汗水交织的纽约拳击馆。

拳击馆老板让我和曾获得纽约拳击比赛金腰带的拳王试着较量了几个回合，见我并没有被打得毫无招架之力，便跟我签了职业拳手的合同。那时正值四月，当天晚上，我感觉自己无所不能，在百老汇大街上横着走，就像约翰·特拉沃尔塔（John Travolta）在电影《周末夜狂热》（*Saturday Night Fever*）里那样。

这时，一个女大学生迎面朝我走来，一头红褐色长发，步履轻盈，摇曳生姿，眼神似乎能将我刺穿。借用一句蓝调歌词形容："她走路的样子，仿佛后院井里冒石油。"我像卡通片里那样接连看了她两眼，只见她转身进了一家芭斯罗缤冰激凌店，我紧随其后。在她等餐的时候，我悄悄靠上去，学着詹姆斯·迪恩（James Dean），无比深沉地说道："我要娶你。"我不记得她当时是怎么回答的，但意思大概是"滚你 × 的"。

上面的故事就像一篇悲情童话，但正如你们所料，数年后我俩结婚了。我当时的精神状态很不稳定，妮基（Nikki）心里则有一群小恶魔到处搞破坏。妮基可以肆无忌惮地糟蹋自己，她会用刀割伤自己。这还没完，某天晚上，她恰巧听到了前女友打给我的电话，暴跳如雷，尽管她只有不到 45 千克，但她却在数秒内喝光了一大杯波旁威士忌。过了没多久，妮基又和一群瘾君子厮混在一起。我决心让她远离那群狐朋狗友。有时凌晨三四点，她醉倒在不知哪家的地下室，不明白自己为什么会躺在那儿，她就会大声喊我："吉姆·丹迪（Jim Dandy），救救我。"不管可能会惹上什么麻烦，我都会去接她回来，其中一次，我撞的是当地一个混混的门，要不是他以为我是便衣警察，我敢肯定我英雄救美的大戏就要在此画上句号了。

　　还有一个晚上，妮基和一群亡命之徒去泡吧，他们坐在一张大玻璃桌旁。其中一人口不择言，当时我怒火中烧，把桌子往他们身上一掀，砸碎玻璃直接干架，要不是酒保掏出一把点 45 口径的手枪对着我，我才不会善罢甘休。现在回想起来，当时的情景就和《兔子洞》（Rabbit Hole）① 中的某个情节如出一辙：漆黑光亮的枪管顶着我的脑袋，我只好悻悻收手。

　　平时，除了几门自主学习课外，我基本不去哥大上课。即便去上课也心不在焉。尽管我在学习上一窍不通，但至少当时我身材不错，我幼稚地对这唯一的优点沾沾自喜。我会穿着无袖 T 恤，

----

① 　百老汇经典戏剧。

脖子上挂着花哨的银链子出现在研讨会上。有时，哪怕因为和重量级或轻重量级选手过招而被打成熊猫眼，我也毫不避讳地带伤上课。虽然这些瘀青从某种程度上让我颇有优越感，但也只不过是一个怪咖的闹剧。在研讨会上，只要我的发言多少有点知识含量，同学们便会吃惊不已。课间休息，毕业生们闲聊的话题要么是选择去哈佛大学还是普林斯顿大学读研，要么就是以后读哪所法学院。在哥伦比亚大学的最后一个学期，我如同身处荒原般迷失了。我不知道以后要做什么，也不清楚我想要做什么。我和妮基混迹于灯红酒绿之间。当时，我沾上了致幻剂，脑子里各种声音嗡嗡作响。为了让这些声音平息，我尝遍了各种办法，比较常见的办法就是嗑处方药，这些处方药大都是我从心理诊所偷来的。

五年过去了，我即将大学毕业。按照存在主义的说法，当时的我迷失在汪洋大海中，不知所措。我像梦游一样，稀里糊涂地申请研究生学校。结果，没有一所学校联系我，我只好手写申请书，申请哲学专业的一级博士项目，最后，我只收到了寥寥几封拒绝信。

当时，我的生活支离破碎，若要把这些零碎的记忆拼凑成连贯的故事实在是太费劲了。我的谋生之路举步维艰，我做过各种奇葩工作，比如搬运工、助理牧师、保镖等。其中，最值得炫耀的一份工作就是我代替杰克·拉莫塔（Jake LaMotta）[1]出席

---

[1]　美国职业拳击手，前世界中量级冠军和脱口秀喜剧演员。

时代广场某黑道酒吧的活动。拉莫塔当时正好去好莱坞帮助罗伯特·德尼罗（Robert De Niro），指导他如何在电影《愤怒的公牛》（*Raging Bull*）中扮演好自己的角色。

我不明白自己对哲学到底是真心热爱还只是熟门熟路，很可能二者兼而有之，我又一次申请了读博，最终进了宾夕法尼亚大学。当时，我的生活充满了欣喜和希望。妮基也在康复机构戒断成功，还拿到了教育学硕士学位。我们制订了人生规划。按计划，妮基将在纽约完成学业，而我则在宾夕法尼亚州攻读博士，每周末，我们都会相聚。这一切似乎都意味着美好生活正向我们招手，我们的未来也将前程似锦，生活似乎终于要步入正轨了。

我们贷款租下了一间坐落在西费城林荫道旁的舒适公寓，屋内有壁炉和白色蕾丝窗帘。妮基已过世的祖父是著名的心脏科医生，他那张玻璃面的大桃木桌（和我在酒吧打碎的那张玻璃桌样式差不多）被妮基的祖母拿来当作礼物送给我们了，被安置在我们那个有壁炉的房间里。和大桃木桌放在一起的还有一把供我看书用的蓝色软椅，这把椅子是我亲爱的意大利奶奶传给我的。我就只差一个烟斗和一双拖鞋了。然而，事业起步多艰难，我惹上麻烦了。

在宾夕法尼亚大学读博的第一天，我像个幼儿园小朋友一样紧张不安。上课那天，我的脖子上没有戴那条招摇过市的银项链，也没有穿 T 恤，而是换上了牛津衬衫和卡其裤。我还在衬衫的口袋上别了一支钢笔。第一堂课主要讲知识论——关于知识的理论。班上，新入学的同学似乎都踌躇满志。为时十五分钟的讨论开始了，同学们一个个引经据典、高谈阔论。时间之神拨动着钟表上的指针，我逐渐意识到自己一无所能，和研究生院格格不入。长达两个小时的研讨会结束后，头晕目眩的我拖着沉重的脚步在校园游荡，恍惚间，我头脑一热，跑到学籍登记处要求退学。当时，我向自己保证，等有一天我准备充分了，就立刻回来念书。后来，我确实这样做了。

我打电话给妮基，告诉她我退学的事。我打开公寓大门，听到开门"嘎吱"声的妮基立刻神经紧张了起来。我用哀求的口吻对她说道："妮基，好了，没事了，一切都搞定了。"她坐在那儿纹丝不动。我抓着她的手，试图向她解释。可她目光呆滞，连眼睛都不眨一下。突然，她猛地站起来，就像一个在酒吧撒泼、体重100千克的闹事者那样，一把掀翻了餐桌，桌上的古董花瓶碎了。一个小时后，她摔门而去。临走前，她向我摊牌，说再也不会和我多说一句话，也不会和我复合了。她有时很温柔，有时又那么铁石心肠。她的确说到做到，再也没和我联系过。而我只能在内心里与自己这次所失去的东西讨价还价。

整整两年，我过着行尸走肉般的生活，我已经因为酗酒和戒断问题进出好几回医院了。我不知道应该吃哪些药，于是抓起一把药片就往嘴里塞。如果周围有人，我有时会伺机炫耀一番，把蓝色的每片10毫克的安定药片一片片向上抛起，然后像海狮一样用嘴接住。就算碰到某天晚上药店不开门，手头的药也吃完了，我也无所谓。

克尔凯郭尔认为，从世俗意义上说，绝望表面上是针对某事，如丧偶、理想落空等，但这只是表象而已。克尔凯郭尔告诉我们，绝望从来都是针对自己的，比如，我不想做自己，或者我不想做现在的自己（我会在下文解释这句话）。妮基消失后，我觉得被一个讨厌的自己缠上了，就像在公交车上碰到酒鬼，烂醉如泥，在我肩上趴了一路，怎么甩都甩不开。在曼哈顿的圣路加医院，我接受了抑郁症治疗。出院那天，医生给我开了单胺氧化酶抑制剂，并郑重叮嘱我："吃药时不能喝红酒。"朋友到上西区接我，车子驶向另一个街区前，我坚持要朋友在酒吧停车，在那儿，我买了一瓶红酒，一股脑儿把药灌了下去。我在潜意识里对自己怀藏着恶意。

那时，我的身体越来越差，于是我回到新泽西和父母生活了一段时间，没过多久，又去缅因州和哥哥一起生活。在缅因州的那段时间，我经常开车去一个地方，那里到处张贴着悬梁和其他预示着自毁的图片，我常常对着这些图片发呆，就那样过好几小时。某个冬日的下午，天色阴沉，寒风呼啸，我坐在哥哥家地下室的地板上，差点儿就自我了断了。温柔善良的哥哥把手搭在我的肩膀上，流着泪问我，如果我自杀了，他该如何处理我的遗物。几天后，我像一具悲伤的僵尸，住回了父母家。

一天早晨，父亲开车载我去纽约和心理治疗医生比阿特丽斯·毕比（Dr. Beatrice Beebe）见面，过去五年，我一直在接受毕比医生的心理治疗。要不是这个菩萨般的存在主义心理治疗师，我很可能就不在了，之后也不会去教书。毕比医生除了自身带着深邃的思想之光外，还教会了我人际关系中无与伦比的治愈力，这种力量在药物至上的年代很容易被人遗忘。

那天，父亲和我提前到了纽约，我在一家咖啡馆下了车。这家咖啡馆同时也是家旧书店。我麻木地扫了一眼书架，仿佛想起了当年的读书时光，想起当年我也曾人模人样地活过。我瞥见一本蓝灰色封皮的书，上面沾满了灰尘，那是克尔凯郭尔的《爱的作为》。我翻开书，读了起来：

> 若有人觉得自己无比精明，因从不受骗而自豪，坚称唯有肉眼所见的才可信，那么，我们首先要做的就是不再相信爱。如果我们因为害怕被骗而不再相信爱，就不会被骗吗？无疑，我们还是会被各种各样的事所欺骗。我们可能因为相信虚假而受骗，自然，我们也会因为不相信真实而受骗。

不知为什么，这句话让我豁然开朗。我很自然地把书藏进外套，走出咖啡馆，接受心理治疗去了。深夜，我打开这本偷来的哲学著作，读了下去。

《爱的作为》论述鞭辟入里，读起来让人如沐春风，使我深深地痴迷其中。书中的主人公戴恩（Dane）焦虑不安，悲伤抑郁。通过对这一人物的刻画，克尔凯郭尔表达了对内心痛苦的看法，即：内心的痛苦不是一种被动忍受的疾病，而是可以自我调节的行为。从克尔凯郭尔或者存在主义精神分析学家维克多·弗兰克（1905—1997）的著作中，可以提炼出一句福音般的话语：痛苦能搞垮一个人，让他变得铁石心肠，但同时也能激起他的精神动力。

书中的主人公戴恩焦虑不安，悲伤抑郁。通过对这一人物的刻画，克尔凯郭尔表达了对内心痛苦的看法，即：内心的痛苦不是一种被动忍受的疾病，而是可以自我调节的行为。

在圣路加医院住院期间，我结识了一位女性。她多次割腕，尽管万分痛苦，每天早晨她还是会带一杯咖啡给我，和我说些鼓励、安慰的话。她能够超越痛苦，或许这就是我在克尔凯郭尔的书中找到的：祈求超越苦痛、焦虑，祈求超越无端的悲伤，而非去寻求麻痹和无所谓的捷径。

写这本书的时候，有一次我乘飞机从加利福尼亚州回来。起飞前，因为座位问题引发了点小纠纷。一个面容和善的平头男子，年纪在30岁左右，堵在过道上不肯让开，除非某位乘客愿

意和他换他妻子旁边的座位。登机的乘客在过道里堵成一排，不
能往前挪动，手上还拎着行李，而他则站在过道中间，露出令人
厌恶的笑容，对我们说："总有解决办法的。"这时，我低头看了
一眼手机，屏幕上是一张飓风"哈维"侵袭下的休斯敦及其周边
地区被洪水淹没的图片。当时已有五人死亡，但暴雨丝毫未减。
不，朋友，解决办法并非每次都有。

　　本书中出现的存在主义哲学家们认为，并非所有事都有好
的结果，生活也是如此。20世纪60—70年代，厄内斯特·贝克
尔（Ernest Becker）、罗洛·梅（Rollo May）、埃里克·埃里克森
（Erik Erikson）、保罗·田立克（Paul Tillich）[①]等作家都是克尔凯
郭尔的粉丝，他们坚信自省有助于个人进步。现在，人们则对此
嗤之以鼻，认为他们太天真了。这些曾经著名的哲学家兼心理学
家深信一种个人进步，这种个人进步可以超越机能改良与兴趣激
励。然而，随着如今的冥想课、瑜伽课越来越多，我们却更加怀
疑这种个人进步。于是，我们把抑郁、焦虑、悲痛等不安情绪归
作心理疾病，以为只要吃上几片药，调整一下生活方式，就能彻
底治好这些疾病。存在主义哲学家既不会手把手地教我们如何处
理挫败感，或列出我们需要规避的行为清单，也不会提供缓解抑
郁的具体策略。不过，他们会指导我们如何在情绪低落时保持道

---

① 又译蒂里希、蒂利希。

德上和精神上的承受能力。

与此同时，仍有一些重要问题我目前还不能用存在主义理论对其进行解释。其中，最令我苦恼的一个问题就是：这本书是否能为不同肤色、不同性别的人提供指引？每当这时，存在主义小说《看不见的人》的作者拉尔夫·艾里森（Ralph Ellison）就会轻轻拍一拍我的肩膀。在这本书中，艾里森描述了一个中了种族主义剧毒的病人出现了看不见颜色的症状。就成为自己这件事而言，一个非法入境的拉丁裔酒店清洁工和一个白人教授，他们面临的困难是相同的吗？根据本书接下来的内容，克尔凯郭尔很可能会给出一个肯定的回答，但我却不敢苟同这位哲人的看法。在找到自己并成为自己这件事上，非裔美国人所面临的困境比美国白人复杂得多。显然，就如同在百货大楼的廊道上，人们常常对他们心生戒备，紧紧地盯着他们，他们不得不去躲避这些惊疑的目光，有时，他们甚至会遭受比这更可怕的歧视。

存在主义哲学家既不会手把手地教我们如何处理挫败感，或列出我们需要规避的行为清单，也不会提供缓解抑郁的具体策略。不过，他们会指导我们如何在情绪低落时保持道德上和精神上的承受能力。

　　黑人和女性会在自我认同的问题上苦苦挣扎，然而，享有一定经济地位的白人男性却可以心安理得地直接忽略这些问题。老实说，我已厌烦了"有色人种""白人特权"等词语，但毋庸置疑，白人特权的核心就是不用避讳他人的成见。我们中有些人享有不用纠结于自身肤色和核心身份之间界限的自由，所以会很难理解自己其实促成了否定有色人种的自我认同一事。或许正因为我们不能理解此事的本质，所以才不知道该如何应对。

　　尽管 2013 年是克尔凯郭尔二百周年诞辰，但是在认识自己、认识难以安抚的情绪等问题上，克尔凯郭尔和他的追随者们又提出了新的理论。本书的第一部分（第一章至第三章）主要介绍存在主义是如何更好地认识以及应对焦虑、抑郁、绝望、死亡等心理难题。本书第二部分（第四章至第七章）会重点谈存在主义的积极方面，比如真实、信仰、道德、爱等，但我还是要提醒大家，这些话题也会带来可怕的问题。

焦虑

你所恐惧的是自由

几乎每天早上，我都会被一些挥之不去的想法侵袭，如："老婆的癌症会不会复发？儿子会不会在上班路上出车祸？唉，牙齿好痛，要不要把那颗牙也拔了呢？但缺颗牙会让我觉得自己好老啊。"

我这些或大或小的忧虑就像暴风雪一般永不停歇，令我翻肠搅肚，无法活在当下。春天降临，万木争荣，但在我看来，世界就像一只拴着短绳的比特犬一样咆哮着。当然，这并不妨碍我对邻居，甚至对那些讨厌的人以礼相待。如果今天我如谚语中所说的那样被屋顶掉落的瓦片砸死，那么焦虑如同鬼魅般地折磨我的这件事，除了我妻子就没有人会知晓了。有时，我会笑着安慰自己，那些我幻想的事不可能发生。由于过去的恐惧仍残留在我心中，所以我努力提醒自己，那些在我想象中压迫着我的魔鬼，只不过是恐惧的影子罢了。然而，我却又得知有人同时患上了癌症和心脏病。我的心魔昭彰于光天化日之下。对我来说，总有些事令我忧心忡忡，如果没有的话，我就会四处寻找，甚至编造出能让自己焦虑的借口。

E. M. 齐奥朗（E. M. Cioran）[①] 是罗马尼亚哲学家和格言家，此人和尼采很像，却比后者更为激进，他曾写道：

> 焦虑不是被挑起的：它会试图为自己正名，为此，它无所不用其极，即便是最卑劣的借口，一旦被捏造出来，焦虑便会将其牢牢攥住……焦虑挑起自己、催生自己，循环往复，无穷无尽。

齐奥朗说得没错。焦虑像一席流动的盛宴，每个时代都有不同的理解。

20 世纪 50—60 年代（冷战初期），许多美国人坐在办公桌旁，手里转着铅笔，一会儿思考建防空洞值不值，一会儿思绪又跑到建度假屋去了。那个年代，美国的经济发展稳健、欣欣向荣，被公认是最好的时代，同时也是最焦虑的时代。一方面，人们的生活水平急速上升；另一方面，人们又害怕核弹袭来，摧毁眼下的一切。或许是由于科学或大屠杀的推动，对于大多数人来说，信仰上帝、遵守教规已变得和打盹儿、睡大觉没什么两样。我们变得孑然一身，不再相信命由天定，不再相信人是浩瀚银河系中渺小的存在。因此，在当时，眠尔通和（后来上架的）安定

---

① 也译作萧沆，罗马尼亚旅法哲人，20 世纪著名怀疑论、虚无主义哲学家。代表作品《解体概要》《眼泪与圣徒》。

等镇静催眠药在市场开始大卖。

**　　焦虑像一席流动的盛宴，每个时代都有不同的理解。**

　　这种观念的转变还推动了"二战"后美国存在主义的兴起。诗人W. H. 奥登（W. H. Auden）[①]将这个时代称作"焦虑的时代"。从那时起，学术界开创了一个新的传统——思考焦虑的意义。比如，1950年，存在主义心理学家罗洛·梅发表了《焦虑的意义》一书，其后，一系列同题材作品相继发表，其中就包括1969年罗洛的畅销书《爱与意志》。1952年，保罗·田立克发表了《存在的勇气》，以克尔凯郭尔的方式思考焦虑。厄内斯特·贝克尔发表了《反抗死亡》[②]，他还因此获得了普利策奖。此外，阿伦·瓦兹（Alan Watts）也发表了《心之道》等思考焦虑的著作。

　　一批又一批的大型医药公司和保险巨头也随之席卷而来。法国哲学家米歇尔·福柯（1926—1984）深受马克思和尼采的影响，向大众介绍黑格尔（1770—1831）的自我认知理论，即那些

[①]　著名诗人，被公认为继 T. S. 艾略特之后最重要的英语诗人。

[②]　*The Denial of Death*，中文版又译作《拒斥死亡》《死亡否认》。

与我们的生活息息相关的公共机构（比如医疗行业）对自我认知产生的深远影响。这类公共机构创造了许多能让我们思考自己情感生活的词语。在基督教统治思想的时期，人们从罪恶、诱惑、救赎的角度衡量自己。菲利普·里夫（Philip Rieff）有先见之明地提出了"治疗的胜利"这一概念，随后，精神分析学以及相关的精神疗法又提出了许多新词，比如，"别那么吹毛求疵"① "你在否认现实"。这些话也可以对我们自己说。（因为里夫是我的导师，所以我会经常在书中提到他）里夫说，用不了多久，无论发生什么事，美国人都要咨询专业心理医生的意见，这些心理医生会举办研习班，教人们如何面对痛苦、道德伦理、种族等问题。

医药公司并不满足于卖药，还要亲自为心理疾病打广告。一则《广告狂人》（*Mad Men*）类型的广告中，刻画了一名20岁上下的女子参加聚会的情况。从一帧帧画面中，我们能看得出这名女子很不自在，扭扭捏捏的，而一旦这种不自在感超出了忍受的限度，她便可能患上了"社交焦虑症"——一种能够治愈的疾病。不久，"社交焦虑症"就被列入了精神病学的"圣经"——《精神疾病诊断准则手册》（*Diagnostic and Statistical Manual of Mental Disorders*）。至此，精神科医生和心理治疗师便能通过医

---

① 原文为："Don't be so anal." "别表现得那么像处于肛门期的人。"

治这种病症（当然，包括调养和药物治疗）获得报酬。在这本"圣经"上，治疗焦虑的方法十分明确且有吸引力：别再和过去纠缠不清了，你正处于"体内化学物质不平衡"的状态，只要依循药物治疗计划，便可以得到调整并痊愈。

换言之，人们对这些恼人的情绪和想法有了全新的认识，在他们看来，将情绪看作神经化学紊乱才贴切。如果这种新思潮有口号的话，那么大概就是这句话："有药者，事竟成。"没错，身体器官出问题或者脑内出现紊乱确实会改变心境，但这并不能说明神经元是解释人们对所有事无尽焦虑的最佳理论工具。这种还原论的看法将焦虑的原因和意义混为一谈，就好像能够使用化学手段干预思考过程从而改变这一思考过程的意义一样。这就等于在说，思考被化学手段干预后就不存在意义了。而且，这种"美丽新世界"式的疗法还赋予了医生和科学家心灵牧师的地位，忽视了自上而下的因果关系。其实，神经递质的变化只是影响思想和情绪变化的因素之一。看问题不可以如此片面。在这个时代，"研究证明"成了人们的口头禅，没错，研究确实证明了自上而下的因果关系，即冥想和理疗也能影响神经化学物质。

有次课间，我正和一位学生聊天，突然，她接到了院长的电话，她全奖保送医学院的申请通过了。短短三分钟，她的情绪经历了从低潮到高涨的过程。挂断电话后，她脸色红润，激动得几乎蹦了起来。很显然，她听到的这几句话对她的大脑灰质产生了影响。如果你也曾收到过类似"Dear John"[1]这样的分手信，感受过那封信在生理上对你造成的打击，那么这个道理不言自明——语言的影响是能够在生理上具象化的。和对的人说对的话，让人心花怒放；和错的人说错的话，让人肝肠寸断。尽管可以证实焦虑是神经化学物质燃烧的副产品，但这并不意味着情感不重要。记住，俗话说"酒后吐真言"，人们喝了酒的确会话多，但在酒精影响下说出来的"胡言乱语"未必只是信口胡诌，反而往往信息量很大。

还有一次，在课堂上，有一位学生希望我可以延长一下他那篇有关焦虑的论文的交稿日期。他轻描淡写地说父母几周前离婚了，但这和他的焦虑没什么关系（尽管如此，我还是听他继续说下去）。"为父母离婚的事而劳心伤神一点儿用也没有，"他告诉我，"毕竟，我现在21岁了，用不着和父母住在一起，按理说，这件事对我影响不大。"他还认为反思的方法治标不治本，他目前所要做的应该是调整用药量，这样就能继续在学术生产线上生龙活虎。对这个学生而言，焦虑仅仅是毫无意义的麻烦，不需要心理治疗或者内心反省就可以治愈。他这么想，对吗？难道焦虑只是神经在"发烧"吗？如果可能的话，是不是只要把焦虑"降"下去就行了？

---

[1] 指代分手信，直译为亲爱的约翰。通常是指女子在另有所爱后写给丈夫或男友的信。此外还有同名电影、歌曲。

弗洛伊德认为，如果我们认识了焦虑，"就仿佛给心灵安上了探照灯"。早期，弗洛伊德认为焦虑仅仅是人们压抑性欲的副产品。后来，弗洛伊德又提出了一个新理论，即焦虑是心灵发出的危险信号。该理论很复杂，可以通过下面的例子来理解：如果小男孩每次对妈妈发火，妈妈都选择离开，同时，小孩又特别需要母爱，那么，妈妈离开的举动就会引起孩子的恐慌。小男孩长大成人后，会感觉每次愤怒都是可怕的威胁，然而，愤怒已然成了他无意识的情绪宣泄。在弗洛伊德看来，焦虑是一种内部的危险信号，实际上是在传递"如果任凭情绪发泄，就很可能会失去那些重要的人对你的爱"的信息。那些曾经嘲笑弗洛伊德的心理治疗师大都沿袭了弗洛伊德的方法，他们凭借这个方法揭示了人们的童年经历，让患者认识到焦虑在孩童阶段是情有可原的，但现在再焦虑已经不合适了。弗洛伊德认为，焦虑不仅是神经化学物质激增的结果，还是人们经历的缩影，是人们对自身的深刻认识。

哲学家们并没有一直把焦虑当回事，准确来说，他们常常认为焦虑是未经驯化的心灵孕育的副产品，会引起诸多麻烦。在并未区分焦虑与恐惧的前提下，理性主义哲学家斯宾诺莎在书中这样写道："恐惧源于心灵的弱点，因此与理性的运用无关。"受焦虑困扰的人之所以焦虑，是因为他们没能好好地训练从思想上处理焦虑的能力。这些人要么脱离现实，要么逃避现实。历史上许多哲学家似乎都认为焦虑会破坏理性的运作。如今，大多数精神科医生似乎赞同这一观点。

> 哲学家们并没有一直把焦虑当回事，准确来说，他们常常认为焦虑是未经驯化的心灵孕育的副产品，会引起诸多麻烦。

克尔凯郭尔集诗人、神学家、哲学家等头衔于一身。除了22本已出版的作品外，他还写了大量的日记，直到最后，他才同意公开这些日记。日记中，他大都在倾诉自己的焦虑，那双湛蓝的眼睛里，焦虑汹涌起伏。1844年的某一天，他在日记中写道："最近，思绪的暗涌让我痛苦不堪。我被焦虑层层围困。焦虑对我来说不可名状，无从理解。"四年后，克尔凯郭尔又在日记中草草写下："回忆我的黑暗人生，哪怕只是一瞬，都让我毛骨悚然。父亲将焦虑灌注进我的灵魂，除此以外，还有他遗传给我的可怕抑郁以及许多难以名状的东西。"

1844年，克尔凯郭尔发表了里程碑式的著作《恐惧的概念》①，让一大批知名哲学家、神学家、作家为之叹服。一百年后，该书成为存在主义精神分析学的基石。克尔凯郭尔用本名写下了许多发人深省的著作，然而，《恐惧与颤栗》《非此即彼》《致死的疾

---

① 英文名：*The Concept of Anxiety*，又名：*The Concept of Dread*。中文版译作《恐惧的概念》。

病》《最后的、非科学性的附言》等不朽著作却都是以笔名来署名
的。一直以来，学界都在讨论如何解释克尔凯郭尔的这些笔名，但
在我看来，他的每一个笔名都象征着一种独特的人生观。研究论
文《恐惧的概念》的署名为 Vigilius Haufniensis[①]———位心理学家
和港口巡夜人的自称（克尔凯郭尔的家乡就是著名的海滨城市哥本
哈根）。克尔凯郭尔绝不会像他的哲学家同行们那样压抑内心浑浊
不清的情绪，尽管这种情绪掩盖了理性之光。在他看来，焦虑有
认知作用，能帮助我们更好地了解自己，并向我们传达了这样的
信息：**我们拥有对自我的选择权**。所以，萨特那句存在主义经典
名言这样说：对于全人类和每一人类个体而言，"存在先于本质"，
也就是说，我们先以存在的形式出现，然后通过选择，定义出自
己。如果你对这句话都无动于衷，我不知道你还能为哪句话动容。

　　在克尔凯郭尔看来，手心出汗、心跳加速等生理症状与焦虑
无关，他将焦虑描述为"自由的眩晕"。我们可以通过焦虑领悟
到自己充满了可能。自由意味着我们必须通过焦虑不停地进行选
择，从而实现这种或那种可能。萨特借用站在悬崖边的例子解释
了这个道理：站在一千英尺[②]高的悬崖边，我们会感到焦虑，并
非由于存在失足的危险，而是因为拥有一跃而下的自由。

---

①　据研究克尔凯郭尔的学者乔赛亚·汤普森（Josiah Thompson）的说法，
　　这个名字是"哥本哈根的守望者"的拉丁文转录。

②　约 305 米。

有些人抱怨克尔凯郭尔对焦虑的定义和我们需要通过吃药来缓解的反复情绪不符。就好像无论我们如何分析自己的内心，他都丝毫不会被我们对自己的焦虑的理解所影响。他的这篇日记像不像是一个对情绪并不是很熟悉，却让你看完后想去看心理医生的人所写的？

> 究竟是什么束缚了我？……我也一样被阴郁的幻想、
> 可怕的梦境、难解的心结、不祥的预感以及难以名状的
> 焦虑所织成的绳索束缚着。这条绳索"十分灵活，柔软
> 如丝，束得极紧，怎么也挣不断"。

克尔凯郭尔认为，焦虑和其他感觉不同。克尔凯郭尔的忠实学生——心理学家罗洛·梅解释道："焦虑并非那种可以抵御或规避的外部威胁……焦虑时刻威胁着我们存在的根基与核心。"恐惧是可以被形象地表现出来的，比如：我害怕上医院做抗压测试。但正如梅所说："焦虑或重或轻地影响着一个人对于存在的感知，它会抹去时间感，攻击人存在的核心。"

> 站在一千英尺高的悬崖边，我们会感到焦虑，并非
> 由于存在失足的危险，而是因为拥有一跃而下的自由。

与其他情绪不同，焦虑无须隐藏便能植根于我们的体内。克尔凯郭尔叹道：

> 即便如此，每个人的心底都深藏着焦虑。比如，担心孤身一人，担心不受上天眷顾，担心被遗忘于茫茫人海。环顾身边的亲朋好友，人们不免深陷焦虑的囹圄……人们几乎不敢想象，如果这一切都被夺走，自己将会是什么样的心情。

克尔凯郭尔从多个角度对焦虑进行了研究，和其他资深的心理学家一样，他认为我们是可以抵抗焦虑的——可以将其转移。克尔凯郭尔把焦虑转换成了恐惧：我们每个人的心底都藏着令人崩溃的焦虑，为了解脱，我们可以试图用另一种情绪掩盖焦虑。记住，越是去关注周围的人，越是会用"生活过得不错"这样敷衍的话来安慰自己的人，越会陷入焦虑的泥潭。我们还会使用其他方法抵抗焦虑：我们会发了疯似的在花园除草；拼命完成健身目标（比如，每周骑行 120 千米）；一遍又一遍地刷墙。我们不停地在努力确定一切都井然有序，一切都在掌控之中。然而，焦虑却总是与可能性相伴。克尔凯郭尔说过："哪怕我们机关算尽，把事情做成了，焦虑还是会来，而且会在事情的成败揭晓之前就到来……焦虑来源于无比强大的可能性，在其面前，我们的智慧和机巧毫无用武之地。"即便设想好了一切，还是会有令人焦虑的事情出现。焦虑针对的是未来,因此,它使我们无法活在当下。

海德格尔大量借鉴了克尔凯郭尔的理论,他认为焦虑是一位传授人性之贵的老师。焦虑一把抓住我们的内心,把我们与世界分隔开来,让我们怀念投身于工作中的感觉。

焦虑针对的是未来,因此,它使我们无法活在当下。

有一回,我深夜出门遛狗。夜空深邃静谧,星星闪着微光,在黑曜石般的夜空中缓缓移动。凉爽的清风拂来,枫叶飒飒作响。这样的夏夜可遇不可求。我可以从理智上承认当下的感觉十分美妙,但焦虑不期而至。在我的记忆中,有一个十二月的下午,天空灰暗,雨雪交加,焦虑也是这样突然袭来。海德格尔认为,这种被驱逐的感觉最终让我们保住了真实的自己,免于泯然众人。按照海德格尔的说法,焦虑把我们从"他们"(They)中抽离出来,让我们可以再次以一个真实个体的身份融入社交生活,从而不再迷失自己,为大众所定义。

克尔凯郭尔解释道:"焦虑,让人们又爱又恨。"克尔凯郭尔在日记中详细地解释了这段话,他写道:"焦虑是对恐惧的渴望。

焦虑就像一股把人牢牢钳制住的外力，然而，那个被困住的人既不能逃脱，也不肯逃脱。之所以会出现这种情况，与其说他是出于恐惧，倒不如说他是在渴望恐惧。因为焦虑，人们变得软弱无能。"焦虑是由我们自己创造的，从本质上说，**焦虑是由我们所拥有的自由创造的**。然而，焦虑看起来却像是外来之物，难怪会出现"焦虑发作"（anxiety attack）这样的说法。焦虑就像恐怖电影，尽管我们害怕地捂住双眼，但我们还是会透过指缝偷偷地看。焦虑既让我们感到厌恶，又深深地吸引着我们。克尔凯郭尔写道："从孩子身上，我们能看到这种焦虑，当他们试图进行惊险吓人的神秘探险时尤其明显。"

我知道，在讨论克尔凯郭尔和海德格尔时插入关于拳击的故事可能会显得格格不入，所以还请大家多多担待。作为一名拳击教练（我的第二职业），我经常碰到一些对焦虑又爱又恨的人。几乎人人都想变得强壮，每天都有青年找上门来，信心满满地对我说："我想成为一名拳击手，我保证每天都会参加训练。"刚开始，做一做热身，了解基本动作，他们斗志昂扬。不过，在经过一两回合的较量，鼻子上挨了几拳，眼前冒了一两次金星后，这些人便常常会编个借口，逃之夭夭了。这还不算，等过上几个月，他们心里的那股劲儿又回来了，就又来联系我，表示想回来训练。从克尔凯郭尔的角度来说，焦虑是一场回避冲突的较量，在这场"拳击"中，我们的对手是自己，更准确地说，我们是在和可怕的未来较量，以行使自由，以实现成为真正自己的可能性。

如果凌晨四点半你从昏睡中迷迷糊糊地醒来，焦虑就会像窗外灌木丛中的鸟儿一样，毫不留情地在你脑海里叽叽喳喳叫个不停。焦虑和成为真正的自己有关联，这样说似乎很可笑。其实，就算不考虑焦虑，克尔凯郭尔口中的自我也令人心存疑虑。即便我们所生活的这个时代疯狂地迷恋投入自我、提升自我，但是自我的概念和灵魂一样岌岌可危。从每一天的维度来看，我们会不自觉地认为自己就是自己；然而，从一生的维度来看，要定义自我则是千难万难。哲学家将这一问题称为"人格同一性问题"（problem of personal identity），几乎没有一个哲学家承认我们有理由认为自己能够长时间地维持独立的自我。休谟认为，没有感官数据能够支撑"持久的自我"这一概念，我们所说的自我其实只是"一堆观念"而已。

从克尔凯郭尔的角度来说，焦虑是一场回避冲突的较量，在这场"拳击"中，我们的对手是自己，更准确地说，我们是在和可怕的未来较量，以行使自由，以实现成为真正自己的可能性。

在现代的观念里，自我是一种碎片化的实体。唯有如信仰般坚定的信念才能够坚持认为：在瞬息万变的世界中，某些东西是

不变的。60岁后，我有时照镜子会翻白眼，仿佛在问这个人真的是你吗，我的意思是，这是我？约翰·洛克（1632—1704）认为，人格同一性包括记忆的连续性。然而，我们的记忆断层一如科罗拉多大峡谷那般深，这样一来，洛克的观点就有些站不住脚了。现如今一些哲学家以叙事学的术语解释自我，就好像自我是一个故事，而且是由自我讲给自我听的故事。禅宗说，我们必须攀上虚妄的阶梯，超越虚妄，从而达到开悟。最终，你要理解空镜（empty mirror），要超越自我，超越自我存在。尽管克尔凯郭尔和禅宗思想家有许多观点不谋而合，但在坚信自我这一点上，他们分道扬镳了。

对于克尔凯郭尔来说，成为自我的潜力（他将此作为灵魂的同义词）似乎在焦虑体验中向自己宣布了自我的存在。那么，究竟什么可以证明焦虑和自我之间的联系呢？焦虑和自我的联系只是一种主观体验，无法通过严格控制的实验进行检验。既然如此，我们该如何从操作上定义"真实自我"呢？在我看来，如果我们一味将信念的基础局限于经验证据上，最终将变得狭隘。那些只愿相信非此即彼的科学裁定的人，一定不会同意克尔凯郭尔对于自我的定义。

在克尔凯郭尔看来，人类是极其矛盾的生物，无论是在行为还是言谈中都不乏矛盾之处——集永恒与短暂、无限与有限、必然与偶然于一身。然而，我们并不单纯是一个综合体，我们还担负着将自我对立的两面联系起来的艰巨任务。我们既认为自己是不朽且可延续的，又觉得自己终期将近；我们既梦想变成想要成为的人（可能性），但又囿于当下的处境（必然性）。和其他生物相比，人类的独特之处就在于能将自我的多重矛盾融为一体。焦虑（包括责任）似乎是一个盘旋在我们头上的本体论可能性。

但是，正如我所说，存在主义哲学家在本质上都是现实主义者。如果感觉到焦虑正在剥夺你的生活，那么，你大可不必理会那些有关"本体论可能性"的存在主义说法。既然这不是克尔凯郭尔会说的话，那有关焦虑这个永恒的话题，我们又能从他那里学到些什么呢？可以确定的是，克尔凯郭尔肯定了焦虑是我们拥有自我的明确标志。他解释道：焦虑"是人性完美的体现"，是"世俗生活对升华的渴望"；"体现了人们对世俗生活的无限眷恋"。人们很难理解吓破了胆有什么积极意义，但你可以想想自我意识。恐惧时常会带来不愉快，然而，人一旦没有了恐惧，就不再具有人性了。

克尔凯郭尔不是心理医生，因此，他并不会给我们制订安抚焦虑的疗法。然而，他建议我们直面天翻地覆的失控情绪。我们在应对令人眩晕的焦虑时，常会陷入一个误区，即通过将存在性焦虑转化成具体的担忧来强装镇定。我们告诉自己，如果找到了这份或那份工作，事情就会好起来了；如果我女儿要是进了那所大学的话，她就会……焦虑的旋涡永不止歇，一劳永逸的解决方法并不存在。对此克尔凯郭尔评论道："从有限的角度人们可以学到很多知识，但学不到为什么焦虑，于是只好将其视作平庸、堕落的表现。"

我们无须因为自己生而为人，目光有限，便苛责自己。 正如存在主义精神分析学泰斗欧文·亚隆（Irvin Yalom）所说："我们生来如此。"那么，到底该如何应对焦虑呢？克尔凯郭尔开出的存在主义药方是：我们应该培养与焦虑共处、同恐惧相伴的能力。为什么呢？因为，根据我们这位心灵导师的说法："掌握如何适当地焦虑，便是掌握了至高要义。"

克尔凯郭尔知道，许多人不是因为焦虑而崩溃，就是在摆脱焦虑的无尽尝试中被累垮。但是，他十分坚信，焦虑能够拯救我们。且听听他怎么说："焦虑是自由的可能，唯有这种焦虑可以通过信仰的力量启迪人心，因为这种焦虑摧毁了一切有限，暴露了它们的欺骗性。"也就是说，通过信仰，你了解了唯一一件你需要为之焦虑的事——同上帝的关系，而这层焦虑能将你其他所有焦虑的根源都联系起来。

根据我们这位心灵导师的说法："掌握如何适当地焦虑，便是掌握了至高要义。"

毫无疑问，许多读者看到我所说的"通过信仰"这种表达，必会报以哂笑，克尔凯郭尔定也会因此和我断绝关系。但如果你

相信你活着的目的是做一个真实的人，那我们或许可以放下对信仰的成见，去接受它，这样你就会清楚自己真正恐惧的是什么——你真正恐惧的是成为一个眼神空洞、毫无思想的人。对于一个因焦虑而信仰上帝或信仰道德自我的人来说，"焦虑是造福人类的小精灵……当（焦虑）假装自己发明了一种新刑具的时候……他没有退缩，甚至不会试图尖叫、困惑地表示拒绝"。

克尔凯郭尔说的话，你从心理医生那里是听不到的。他说，一个认真的人如果听到焦虑挠门的声音，他会：

> 热烈欢迎焦虑光临，如同苏格拉底举起毒酒杯那样。接着，他会把自己和焦虑关在屋子里，说出病人对手术医生说的那句话：我准备好了。然后，焦虑侵入他的灵魂，翻箱倒柜，焦躁地把他心中的一切都事无巨细地全部倒出来……而若这个饱受焦虑之苦的人有信仰作为引导，焦虑将摧毁它自己。

焦虑看似是外来之力，实则源自内心，为生活平添了许多麻烦，常常让我们觉得自己一无是处、怯懦胆小。因而，在这种无力感下，我们开始信仰上帝，或者因不满上帝而坚信我们存在的意义并不只是为了在沙滩上打高尔夫、小酌马提尼。克尔凯郭尔十分肯定，只有一种恐惧/焦虑被另一种恐惧/焦虑所替代时，勇气才会降临。比如，夜晚的战场上，一位排长在帐下辗转难眠，左思右想自己在军中是否拥有威信。这时，若有一支中队遇袭，她便不再为自己的威信而焦虑，眼下她只担心一件事，就是如何保护好战友们。

克尔凯郭尔对焦虑的描述远不止这些。细微差异姑且不论，克尔凯郭尔究竟为焦虑症患者开出了什么药方呢？再次重申，尽管焦虑阴魂不散，但它绝不是一种痛苦，而是我们精神本质的显现。"只有愚昧至极的人才会认为（焦虑）是机能紊乱"——也就是现代人说的疾病。针对那些看起来处事不惊，声称自己从不焦虑的人，克尔凯郭尔的解释一语中的："那是因为他们没有灵魂。"

总而言之，克尔凯郭尔和他的同道们认为，我们应该与这种令人不快的情绪或感觉为友，因为它能给予我们独特而根本的指引。然而，一旦对这种令人恐慌的情绪产生恐慌，我们便着了焦虑的道，更糟糕的是，如何逃避焦虑就会变成我们生活的轴心，生活将不再以追求真实、真诚的自我为中心来运转。面对这种情况，克尔凯郭尔发现了焦虑与这些障碍之间的联系，下面，我们将继续邀请存在主义哲学家帮助我们克服这些障碍，即抑郁与绝望。

第二章

抑
郁
与
绝
望

杀死你的自我放逐

据最新统计，美国有八分之一的人在服用抗抑郁药物。从表面上看，我们这些成天愁眉苦脸的人似乎没什么可抱怨的，实在要说的话，就是我们得花钱雇人帮忙去后院除草以及花上大把时间上网，制订最划算的度假计划。那么，我们的问题出在哪里呢？

20 世纪 60 年代末，还在读高中的我是校长办公室的常客。校长也常问我这个问题，我不知道为什么他会这么问。但有一次，我试图用抑郁来为我在班里的捣蛋行为开脱，身材魁梧、留着平头的校长先是愣了一下，接着示意我走到他办公桌旁。他拿起铅笔画了一条带着凹陷的线条，我觉得，他之前肯定也这样教育过别人，但他仍向我解释道，这个凹陷处就如同大地上的坑洼。然后，他向后一仰，靠在椅背上，总结道："坑洼① 不过就是个洞而已，洞不算什么，抑郁也不算什么。"

这一句模棱两可的话还真是荒唐，但是我没有当场反驳他。

---

① 　抑郁和坑洼在英语中是同一个词：depression。

那位校长是参加过太平洋战争的退伍老兵，在他看来，当时的我
不过是个未经历练、乳臭未干的小子。然而，抑郁并非他想的那
样简单。如克尔凯郭尔所言："抑郁是真实存在的，克服抑郁并
不像人们用笔划去错别字那般轻松。"除此之外，克尔凯郭尔认
为抑郁是他那个年代的一大缺陷，这一缺陷"夺走了我们领导的
魄力、服从的勇气、行动的力量、希望的信心"。

　　当你从"黑太阳"①下走过，你会觉得自己是一个孱弱无力
的受害者。无论弗洛伊德在你心中是什么样的形象，除了具备存
在主义思想之外，他还敏锐地察觉到，抑郁表面上是被动的，实
则暗藏怒火，这团残忍无情的怒火烧灼的目标是人们自己。不仅
如此，抑郁阻碍了我们和自己的对话。从我个人来看，我觉得抑
郁同让人衰弱的思想有关联，这种思想将我拽离当下，并以巨大
的无望吞没我，夺走我的一切好奇心。

　　某天，为了给学生讲存在主义，我正在温习课本。眼睛一
扫，我的目光恰好落在"父亲"一词上，回忆如泉涌般袭来，我
想起了二十五年前父亲的葬礼。我从窗户向外眺望，屋外下着鹅
毛大雪，记忆中父亲的葬礼正是在十二月，是我记事以来最冷的
一天。现在，我住在明尼苏达州，那种刺骨的寒风我再也没有感
受过。葬礼当天，寒风呼啸，穿着紫色祭衣和黑色长外套的牧师

---

① 　　此处的"黑太阳"一词来自保加利亚裔法国籍哲学家、精神分析学家朱莉娅·克
里斯蒂娃（Julia Kristeva）讲述抑郁症的著作《黑太阳》（*Black Sun*）。

一边诵读经文，一边紧紧按住帽子。风太大了，我没听清他到底说了什么。父亲生前从不去教堂礼拜，牧师根本不认识他，葬礼因此有了一大遗憾——下葬前连个介绍人都没有。这个我不知道叫什么的牧师显然不愿久留，他恨不得立刻钻进车里，回到温暖的家中。虚无感就此蔓延开来，笼罩了一切，它是如此巨大，仿佛是魔鬼亲手创造的。父亲活着的时候呼朋唤友，而下葬时，老朋友只来了一个。

我本想再温习一遍课本的，但抑郁在体内嗡嗡作响，我全然没了心思。我开始回忆曾经叱咤商海的父亲，思考他的所有希望是怎么被抑郁以及数十年来试图借施格兰王冠威士忌浇愁而摧毁的。父亲在事业如日中天时，喜欢复古打扮——布克兄弟西装和牛津衬衫。但在他发病期间，我们不得不"借"领带送到他两米见方的办公室，因为所有的领带都被他扔掉了。想起那段时光，还真是让人心酸。我一开始以为，妈妈会出门买一条领带，但事实却是，那条领带是她从隔壁退休的钢铁工人家借来的。"借"来的？说得好像我们还会把领带还回去一样。

抑郁阻碍了我们和自己的对话。从我个人来看，我觉得抑郁同让人衰弱的思想有关联，这种思想将我拽离当下，并以巨大的无望吞没我，夺走我的一切好奇心。

　　我们脑袋里思想的连接实在有够神秘。在大脑中的合成酶作用了一段时间后，我又回想起三十年前的一个秋日下午，我背叛了当时的未婚妻，和她的闺密在河滨教堂的长椅上热吻。仿佛闻到一股恶臭般，此时我眉头一皱，自言自语道："想什么呢？"

　　还有两小时就要上课了，但我还在继续遭受折磨。被自我谴责轮番轰炸后，毁灭和失望的场景扑面而来。那个我深爱且与我同床共枕三十五年的美丽姑娘经历了乳腺癌，现在又经历了帕金森。"最美夕阳红"这句话实在不能当真。自成年后，我一直扮演着一个受人尊敬的硬汉角色。毕竟，我是一名拳击手兼拳击教练，没有人会找我的麻烦。然而，在生活的擂台上，面对还债、搬家、家人生病等麻烦，苏（Sue）却胜我一筹，这一点我和孩子们都很了解。但此时的我正经历无尽的自我谴责，觉得自己连换灯泡的能力都没有了，而我本应该是给家人依靠的那个人啊。我多么幸运。

　　我思绪喷涌，仿佛执意要弄清楚大脑的指挥中心到底怎么了。我深深吸了几口气，试图摸清（离开监牢的）道路。我想象大脑中住着一个小人，我叫他执行功能①先生。我看到他坐在办公椅上，前后摇晃，不明白为什么要继续这样折磨自己。精神分析学家强调人要拥有"观察的自我"，即心理学所谓的"第三只

---

① 执行功能（executive function），指有机体对思想和行动进行有意识控制的心理过程。

眼"，它是自我的一部分，主要负责监视内心活动。但是，从我个人的抑郁情形来看，观察的自我被卷入了一摊污泥，而这摊污泥又恰是我应该观察的东西。当抑郁达到顶点时，人会很容易丧失对现实等方面的感知力。在这种危险的情形下，除了内心的阴霾之外一无所有。与其自我安慰"一会儿就会好了"，倒不如更理性地告诉自己"爷爷和爸爸都得过抑郁症，所以，我也会得抑郁症"。

最后，我到达了极限，再也无法承受了，于是拖着脚步走进浴室拿药。我刻意避开镜子，不想看到镜中的自己。我一直很赞同存在主义哲学家以及在他们之前的斯多葛派哲学家的观点：我们要吸收痛苦，有尊严地承受痛苦，带着爱径直穿越痛苦。所以，我吞下的绿色药丸除了带给我治疗后的舒心外，还给了我愧疚。

经历严峻考验的人有时会自我安慰："我没资格抱怨，情况原本可能更糟。"就好像世上唯一有资格抱怨的只剩下约伯 [①]（Job）一样。简直一派胡言！没错，情况原本可能更糟，而且可能会越来越糟。这世上或许有很多我本应该知道却不知道的事，但我很清楚自己了解抑郁的破坏性有多大。

克尔凯郭尔在其畅销的半自传体著作《非此即彼》中叹

---

① 　《圣经》中的人物。

道："抑郁是我最忠贞的情人，因此，毫无疑问，我会报之以爱。"抑郁一直以来都对我很忠诚，忠诚地遮蔽了我的快乐，给我的家庭蒙上了阴霾，有时还会借我孩子的口现身："爸爸今天怎么啦？"

抑郁如同一条撕咬我的黑狗，在被它咬掉的东西中，最为珍贵的是我的自主性。不过这也可能和我吞下的药有关。然而年复一年，我已经对自己的意志力灰心了，不再相信自己有能力改变现状，不相信自己能够在不吃药的情况下应对情绪和环境。偶尔，如果晚上睡得好，我的病会缓解。吃早餐前，我会做一些决定，比如定期读一读《圣经》或去冥想中心打坐，但到了傍晚，早晨制订的计划就如同后视镜里的风景一样渐行渐远。我时常用一种黑色幽默的口吻嘲笑早上和傍晚的两个自己。早上的我制订出计划，但疲惫刻薄的傍晚的我会制订出另一个计划——不是去祈祷或冥想，而是喝上几杯或打开电视看会儿肤浅的肥皂剧。一个佛教导师曾告诉我，所有自我提升的训练都暗含暴力，既然要自我提高，必定表示你没有接纳自己，因此，你还没有好到足以提高自己。傍晚的我喜欢这种说法。

后来，我在克尔凯郭尔的著作中发现了某些照亮我黑暗生命的东西——抑郁和绝望之间的差别、心理疾病和精神疾病的差别，这些问题长久以来一直被人们所忽略。尽管许多美国人对涉及精神的问题津津乐道，却极少有人谈及心理疾病和精神疾病的区别。现在，如果你对别人说自己很绝望，对方肯定会劝你寻求医生的帮助，以治疗抑郁症。过去，绝望被列为七宗罪之一，如今，又被归为抑郁症的临床表现。如果克尔凯郭尔有脸书账号的话，想必他一定会谴责我们这些服用百忧解的人，责怪我们竟然分不清精神和身体到底哪个出了问题。

如果克尔凯郭尔有脸书账号的话，想必他一定会谴责我们这些服用百忧解的人，责怪我们竟然分不清精神和身体到底哪个出了问题。

克尔凯郭尔虽然出生较晚，但他的思想依然属于浪漫主义。浪漫主义强调人与自然的关系，注重通过情感（也就是感觉）揭示宇宙的奥秘。它是一场反理性主义的运动，歌德及其大作《少年维特的烦恼》就是浪漫主义运动的典范。回溯至亚里士多德时期，人们认为抑郁是折磨天才的罪魁祸首，然而，这种说法却忽视了一点——伟大的艺术作品以及对人性的深入洞见都来源于巨大的苦痛。克尔凯郭尔在《非此即彼》的开头，鞭辟入里地解释了浪漫主义：

何为诗人？诗人就是闷闷不乐的人，他的内心隐藏着深深的痛苦，却拥有能让哀号和叹息如乐曲般美妙的

双唇。就像是那些曾经被关在法拉里斯的铜牛①中被缓慢
炙烤的可怜人，他们的哀号在暴君听来丝毫不可怕，反
倒如乐音般动听。

无论是在浪漫主义时期还是当代，抑郁都是流行病，连克
尔凯郭尔也深受其害。比如，1836 年，克尔凯郭尔在日记中长
叹道：

> 我刚参加完聚会回来。我是场上的灵魂人物，妙语
> 连珠，大家听了都开怀大笑，对我十分崇拜——但我离
> 开了，对，这里我要画一个像地球运行轨道的半径一样
> 长的破折号————————————————————————
> ————————————————————————我想一枪毙了自己。

他的日记中还有许多诸如此类的怨言，比如：

> 我从小便遭受先天精神抑郁的侵扰。如果我的成长
> 经历能正常点的话——嗯，有理由相信我不会像现在这
> 样忧郁。

---

① 暴君法拉里斯（Phalaris）让工匠用青铜铸造了一头真实比例的铜牛，可以
　将受刑者投入牛腹，把腹部的门锁死后，用火炙烤牛腹。

　　如今，许多人都受到了悲伤情绪的影响，不得不向医生求助。当然，对克尔凯郭尔来说，这些令人悲伤的情绪并不陌生。克尔凯郭尔的父亲迈克尔·佩德森·克尔凯郭尔（Michael Pedersen Kierkegaard）是个虔诚的基督徒，57 岁时才有他这个儿子。迈克尔是一位睿智、严厉、少言寡语的老人，他对克尔凯郭尔的影响极大，导致克尔凯郭尔的一生都笼罩在父亲的阴霾中。克尔凯郭尔评价说："老头子饱受抑郁之苦，垂暮之年得了一子，而这个儿子继承了他所有的忧郁。"克尔凯郭尔在另一篇短文中提到，父亲抹杀了他对幸福的展望，但他也感谢父亲把自己塑造成了一个有信仰的人。真是令人费解。

　　克尔凯郭尔用了两个丹麦词语形容抑郁症，分别是"忧郁"（melancholi）和"沮丧"（tungsindighed），后者强调抑郁症在生理上的体现，从字面上来说差不多就是"心情沉重"的意思。克尔凯郭尔对情绪及其影响这一课题有自己的真知灼见。回想一下克尔凯郭尔是如何分析焦虑的：他认为恐惧的对象是清楚可见的，然而焦虑的对象便如同打靶场上的目标物，不仅飞来飞去，而且数量不止一个。而抑郁，则是焦虑的嫡系表亲。

　　克尔凯郭尔在《非此即彼》的下卷中用笔名写道：

　　　　很难解释清楚什么是抑郁。一个悲伤或忧愁的人知道自己这种情绪的起因。但要是有人问一个抑郁的人，他抑郁的原因是什么，为什么承受着那么大的压力，他

会回答说:"我不知道,我解释不了。"这就是抑郁的无

限性。

因此,即便是在今日,用"难以言表的悲伤"来描述抑郁也

丝毫不过时。

从克尔凯郭尔的分析中可知,我们的心情囊括了从雀跃到抑

郁的全部范畴。划分忧虑和悲观之间的界限很困难,也做不到准

确无误。再重申一下,我们的内在体验也会受到社会的影响。比

如,有人说,18世纪以前的人没空娱乐,自然也就无从谈起自

己的生活有多么百无聊赖。"二战"后,人们可能会说某某人精

神崩溃了,但不会用"惊恐发作"(panic attacks)这种说法。我

们选择、标记自己体验的方式不断改变着,最后就形成了我们的

经历。

然而,1621年,罗伯特·伯顿(Robert Burton)在其经典之

作《忧郁的解剖》中证实,虽然不同时期关于抑郁症的病因有不

同的说法,但是数千年来,抑郁症患者的患病体验未曾有变。换

言之,对于克尔凯郭尔来说,理解我们如今常常抱怨的自我折

磨、无法自拔的绝望情绪毫不费力。然而,在克尔凯郭尔看来,

抑郁之人未必会绝望,绝望之人也未必会抑郁。

现代人不相信一个人在心灵饱受创伤的同时,还能拥有积极

向上的精神,而且也不能理解某个总是微笑着的人其实深陷绝

望。但是,谈及身体健康与精神的关系时,人们可能会相信,某

个自以为状态极佳的人可能已经站在了死亡的门前。我认识的一个健身爱好者就做出了这样致命的误判。因此，为了更好地评估自己的健康状况，我们得具备正确的健康观念。精神健康的评价也是如此。尽管我们不会弄错自己是愉悦还是痛苦，但正如克尔凯郭尔所言，我们可能会误判自己的精神状况。用他的话来说，即便是真正陷于绝望深渊的人，也可能自我感觉相当良好。虽然快乐与抑郁不会同时出现，但正如克尔凯郭尔在《致死的疾病》中所说，大概快乐就是绝望最好的伪装。也就是说，快乐并不能证明一个人精神健康。

有一种说法，尽管克尔凯郭尔信仰路德宗 [1]，但他其实是自己信仰的领袖。虽然克尔凯郭尔和路德之间有种种不同，但他们都坚信现实中存在着精神与现实这两个领域。克尔凯郭尔每每谈及这两个领域，都会提到双方可能使用了同一个词，却分别从精神和现实的不同角度出发的情况。在此类事例中，交谈中的两个人看似说的是同一件事，但实际上根本没有说到一处去。对绝望的现实性阐释会让人联想到某种令人极其绝望的情绪。研究克尔凯郭尔的学者文森特·麦卡锡（Vincent McCarthy）解释说，英语单词"despair"源自法语的"désespoir"，意思是否定"希望"（espoir）。但是，从精神的角度着，"绝望"与"绝望感"完全不

---

[1]　路德宗由马丁·路德（Martin Luther）开创，又称信义宗。

同。实际上，按照克尔凯郭尔的意思，绝望并不是某种具体的情感，它是对自我的厌恶，体现在从不懂得拥有自我到否定自我存在的过程中。一个人怎么会对拥有自我、成为自我一无所知？克尔凯郭尔在《致死的疾病》中对这一问题做出了详尽的回答。

1849 年出版的《致死的疾病》开篇那两句话，我们已经拜读过很多次了，在接下来的几个章节中都会出现。这算是克尔凯郭尔对读者的考验，把那些不认真的读者拦在门外。我之所以多次提及这两句话，是因为它们体现了一个事实，即我们是自我关联的生物。

> 人类是精神的存在。但精神是什么？精神是自我。但自我又是什么呢？自我是一种自身与自身发生关联的关系，或者是在一个关系中，这关系自身与自身所发生的关联。

面对那些没有立刻甩开书的读者，克尔凯郭尔继续挑战他们。他接着说："人类是无限与有限、相对与绝对、自由与必然的综合体。"这句话和情绪低落毫无关联；而且乍一读，似乎是说人类这个综合体一旦失衡，就会产生绝望。

克尔凯郭尔尝试给绝望下完定义后，又如办画展似的展示了绝望的各种形态。若是过分膨胀、不加限制，就会成为一事无成的空想家；若是处处加以限制，又会成为盈亏底线和电子表格至上的狭隘者。

绝望的主要症状是自觉或不自觉地渴望抹杀自我。通常情况下，这类绝望会表现为毫不避讳地想要成为别人。克尔凯郭尔在一篇揭露真相的文章中写道：

> 人陷入绝望必有其原因。所以这种绝望看起来会持续一阵子，但也只是那一阵子的事；与此同时，真正的绝望，或者说，绝望的真面目显露了出来。因某事而陷入绝望的人其实是对自我产生了绝望，从而生出了自我毁灭的念头。比方说，有壮志满怀之人，人生格言便是"要么成功，要么成仁"，结果他没能成功，故而心生绝望……确切地说，因为他没成功，所以现在无法忍受自己了。

年轻时，"要么进 NFL[①]，要么成仁"就是我的人生信条，现在听起来挺幼稚的。说起此事，我颇有些惭愧，因为自己当时一心扑在橄榄球比赛上，对越南战场上同胞们的生死担忧不及实现橄榄球梦想一半的分量。那时，除非能成为国家橄榄球联盟的一员，否则我就不愿活着。大学时期，我的橄榄球事业急转直下，那时，我感觉自己没有存在感，甚至不像个男人。如果当时有人问我怎么了，我准会抱怨对输球的绝望。按照克尔凯郭尔的说

---

① 即美国职业橄榄球联盟。

辞，当时令我绝望的是必须接受失去橄榄球运动员身份的自己。在无数个夜晚里，我都想自我了断，并且差一点儿就付诸行动了。

美国人似乎都活在将来。我们滔滔不绝地讨论如何成为想象中自己渴望成为的样子。如果某个年轻人没有这样的想象，就会遭到人们的质疑和轻视。理想的目标可以是在 30 岁之前成为百万富翁、成为外科医生、成为下一个著名说唱歌手 JAY-Z 或下一个好莱坞明星瑞恩·高斯林（Ryan Gosling）。显然，当下的生活仅仅是为未来的成功铺路。

但是，假设你出版的小说获得了好评，或者你在好莱坞找到了立足之地，又或者你实现了理想中的自我，那么，你就成功了吗？当然，那时的你肯定无比快乐，但克尔凯郭尔表示，你会陷入"另一种绝望的境地"，如同没有实现梦想那般绝望。

克尔凯郭尔在《致死的疾病》中描述了三种自我，第一种是具体的自我。以我身边的人举例，在二十多年的教授生涯中，我遇到了无数一心想要成为医生的学生。对他们中的一些人来说，人生的每一步似乎都是为了实现这个目标。这样说来，具体的自我可能指的就是这样的一个毕业班学生：她忙于准备医学院入学考试，忙于考取急救医务人员的资格认证，为了丰富履历而去辅导成绩不好的高中生。至于第二种自我，即理想中的自我，也就是她十分渴望成为的脖子上挂着听诊器的医生。

那么，第三种自我是什么呢？那就是真正的自我。就其特点和本质而言没有什么特别之处，与地位或成就也都毫无关系。一如克尔凯郭尔所言，真正的自我虽然常常被忽视，却是三种自我中最重要的。这种自我"显然源于上帝"，一举一动都基于信仰，从而衍生出了各种各样的行为和情绪。有些人听到这番虔诚的奉承话，可能会不满地翻起白眼，但其实，你可以把第三种自我看作是自己的道德理想，看作是自己渴望成为的那种人。它会提醒你，你的能力有多大。

大多数情况下，即便人们付出十倍的努力，也不能博得众人的目光。但是最近，我从新闻中读到了两个美国年轻人的故事。他们在摩苏尔（Mosul）[①]前线做志愿医生，冒着巨大的危险，闯入硝烟四起的战场腹地，而当地没有任何一个非政府组织被批准可以离战场这么近。这两个二十来岁的年轻人算不上什么医生，他们只是接受过一些医疗培训，携带了少量医疗物资。尽管如此，依然有大量伤情严重的当地人和士兵赶往他们的营地。我不清楚这两个年轻人经历了些什么，虽然他们的故事在新闻领域引起了小小的波澜，但是除了冒着生命和四肢残疾的危险外，他们肯定还做了许多其他的事情。没有人知道他们在想什么，也没有人知道他们到底为什么这样做，但不难想到，为了努力让自己贴近克尔凯郭尔所说的第三种自我，他们才会像撒马利亚人[②]那

---

① 伊拉克北部重要城市。
② 仁慈的撒马利亚人，基督教文化中一个很著名的成语和口头语，意为好心人、见义勇为者。

样，做出这种大无畏的行为。

　　克尔凯郭尔怀疑，那些成为理想自我的人往往认为自己一箭射中了生命的靶心。他们似乎理应这么想。也许你就是个大名鼎鼎的首席执行官，人人都要靠你养活，没有人给你找麻烦。柏拉图在《申辩篇》中提到，苏格拉底要寻找证据来证明自己不是雅典最聪明的人。于是苏格拉底找到了一名工匠，因为工匠与政客不同，他们还是知道些东西的，但由于缺乏智慧，工匠们总认为自己擅长制作马具或者钱币便是懂得了一切。我认为，对于那些成为理想自我的人来说，这种傲慢的想法也是对他们的诱惑。他们感谢上帝让他们取得了成功，私下却可能暗自觉得：从某种程度上说，上帝对他们青睐有加是因为他们理应成功。相反，我们这群一路跌跌撞撞、拥抱艰难岁月、抑郁苦闷的人，可能就得被迫反思一下自我。稍加思考后，我们无奈地自问道：我怎么会如此执迷于自己的雄心壮志，觉得除非成功进入美国职业橄榄球联盟，否则自己就没有价值了呢？又或者，那些与伴侣分手了的人会自问：为什么我越来越感觉不到自我的存在了，就好像我不与某某相伴，在这世上就没有目标了似的？这么分析的话，从精神上讲，那些所谓的幸运儿也没有那么幸运。记住，"快乐就是绝望最好的伪装"。一旦忘记自己行动的初衷，成功的快乐就会变成一摊绝望。

　　反之，在黑暗中艰难前行的抑郁症患者不一定是绝望的。克尔凯郭尔承认自己患有抑郁症，但他自认精神状况尚佳。1846

年，克尔凯郭尔自评道：

> 我深知自己是一个不快乐的人，总是一遍遍回想那些让我几近崩溃的事。这种折磨定是扎根进了我的情绪与身体的错误关系里（这与我无止境的昂扬兴致一样值得注意），但是这些痛苦却和我的精神无关。

因为抑郁症患者把自己和抑郁拴在了一起，所以抑郁才会恶化成绝望。如果有人生了病，一心只想着自己的病痛和不适，那么我们会说他精神不佳。如果一个病人走路颤颤巍巍，却能忽视自身的苦痛去关心别人，那么我们会说他精神抖擞（只是精神好，而不是心情好）。对于抑郁症这样的心理疾病，道理也是一样的。克尔凯郭尔希望我们明白，虽然在特定情况下，我们不太能选择自己的情绪，但是我们可以控制自己和那些情绪之间的关系，而且这也是我们应当做的。我们得先意识到那些情绪，然后才能掌控它们，但这往往很难做到。

大多数情况下，我们很难理解悲伤、忌妒、愤怒等蛇发女妖①式的极端情绪，尤其是那些会让我们感觉失控、不太道德的情绪。如今我们被引导着相信：许多负面情绪都是亟待治疗

---

① 希腊神话人物，是三个长有尖牙、头生毒蛇的恐怖女妖，她们当中的代表是美杜莎。

的病症。艾伦·霍维茨（Allan Horwitz）和杰尔姆·韦克菲尔德（Jerome Wakefield）合著的《我的悲伤不是病》（*The Loss of Sadness*）中提到，如果我们用医学标准衡量所有的情绪，那么常见的悲伤情绪都会被当成抑郁症。最近，如果有挚爱之人即将离世，医生都会建议其亲近的家庭成员服用一个疗程的抗抑郁药，以预防抑郁症的出现。悲伤作为人与人之间的潜在联系，却逐渐被看作是一种疾病的症状。

虽然在特定情况下，我们不太能选择自己的情绪，但是我们可以控制自己和那些情绪之间的关系，而且这也是我们应当做的。我们得先意识到那些情绪，然后才能掌控它们，但这往往很难做到。

从心理学层面来说，认为"持续超过一周的强烈负面情绪就是心理疾病"，这种观念实际上并不利于人们接受和处理那些情绪。就跟某人时不时在各种瓶子中寻求"无与伦比的安宁"别无二致。本质上来说，用医学标准定义心理疾病并不能让人们相信，自己在被冰冷的麻木感彻底包裹之后，还会拥有一颗同情心。克尔凯郭尔证实，只有在一种情况下，抑郁才会演变成绝望，成为一种精神疾病，那就是——我们主动承认自己的抑郁，然后陷

入绝望，放弃道德和精神理想。打败我们的是绝望，不是抑郁。

　　1845 年，克尔凯郭尔出版了《想象情境下的三篇论述》(*Three Discourses on Imagined Situations*)，其中包含了忏悔、婚姻和死亡的神圣主题。在三篇演讲稿最著名的一篇《墓地旁》(*At a Graveside*) 中，克尔凯郭尔提出了"alvorlighed"[在英语中译为 seriousness（认真）或 earnestness（真诚）]。对于现代读者而言，这些词不仅晦涩难懂，而且难以让人产生共鸣。我们顶多知道这是形容人优秀品质的词，但想不到别的什么东西。然而，这篇文章中表示，相比于世人为之奋斗一生的幸福，变得像织布机一样勤勉认真才更重要。是的，可能拥有某些特质才能变得幸福。并且大多数时候，差不多全凭运气——出生在对的时间、对的地点、对的家庭，以及拥有恰当的天赋。只有掌握这些有利条件，我们才更有可能过上有意义的幸福生活。然而，不管"真诚"到底是什么，它和幸福绝对不同，和财富与幸运人生也毫不相干。

　　克尔凯郭尔证实，只有在一种情况下，抑郁才会演变成绝望，成为一种精神疾病，那就是——我们主动承认自己的抑郁，然后陷入绝望，放弃道德和精神理想。打败我们的是绝望，不是抑郁。

抑郁症发作的时候，我们会从现实中抽离，一边回味过去犯

下的错，一边等待恐惧的来临。真诚与信仰很相似，它是"精神的运动"，肉眼无法看到。《墓地旁》这篇文章描述了一个真诚的人，他清楚地知道，自己随时都会像断线的风筝一般随风而逝。在这一认识的驱使下，他趁着自己还有时间，开始追忆永恒。在克尔凯郭尔看来，"追忆"不仅仅是为了"记得"上帝的存在，也是为了与永恒相融。虽然自己的生命所剩无几，但他和超越时间、持久不变的存在建立了联系。然而，对我们而言，真诚是一个很遥远的概念。在现实生活中，很多人沉迷于攀比，因此而奔忙：谁的工资更高？谁的工作更重要？谁的墓地地皮价格更贵？有一回，一个朋友被授予了教授职位，得知这个消息的我情绪失控，温柔尽失。我脱口而出："恭喜恭喜。"但其实我口是心非。忌妒是人生路上的荆棘丛之一，攀比则是忌妒生长的沃土。真诚的人也有血有肉，所以自然会有忌妒的情绪，但他终究不会通过和别人攀比来确定自己或自己人生的价值。实现三个自我中的一个，才是他自我衡量的标尺。

克尔凯郭尔在《墓地旁》中描写了这样一个情节：那个毫不起眼的精神模范一想到死亡就惊恐万状，失魂落魄。但是，他并没有放纵这种令人神经紧张的情绪，让它占上风，而是提醒自己："我的心情不好，若是一直这样的话，就会被自我敌视的情绪控制住。"他明白，一旦这种敌对情绪赢得胜利，人类的本性就会帮他打开那扇暗门，任凭他沉入抑郁的深渊。我常常听到挣扎中的朋友，甚至是满脸胡须的汉子否认说："只有坠到谷底，我才能重新振作。"然而，克尔凯郭尔深知抑郁之渊深不见底，一旦陷入，人只会不断下沉，于是他写道："渴望变得抑郁，任由空虚冲昏头脑，以求从恍惚中获得解脱，是懦夫的表现。"真诚之人自言自语道："醒一醒，不要纵容抑郁变成绝望啊。"

虽然抑郁不等于绝望，但是抑郁的确在为绝望铺路。若想逃离绝望，就要从旁观者的角度观察自己的内心。也就是说，要在内心长期堆积坏情绪的泥潭之外，保留一部分自我。公元3世纪，沙漠僧侣记述了"绝望"（acedia）的危害：它是正午的魔鬼，特征是焦虑、软弱、懈怠，最关键的是对美德和自我的漠视。没错，希腊语中"acedia"的词根就是"a"（不）和"keidos"（在意）。常被用来治疗这种绝望的方法就只有劳动，这似乎正与我高中校长的某些想法不谋而合。

虽然抑郁不等于绝望，但是抑郁的确在为绝望铺路。若想逃离绝望，就要从旁观者的角度观察自己的内心。也就是说，要在内心长期堆积坏情绪的泥潭之外，保留一部分自我。

然而，在另一群人看来，抗抑郁药也能让他们继续活下

去。蒂姆·法林顿（Tim Farrington）的《苦难地狱》（*A Hell of Mercy*）语言真挚而深刻，描写了法林顿被抑郁症折磨数十年的故事。法林顿试图把传统病理学上的抑郁症和圣十字若望（St. John of the Cross）笔下的"心灵的黑夜"（为了上帝消解自我）区分开来。为了克服抑郁症，法林顿做了积极不懈的努力，修禅、做瑜伽、进入修道院等各种方法他都尝试过。自从母亲逝世后，法林顿住进了医院，随着时间的流逝，他陷入了毫无希望、来者不拒的消极境地，简直近乎绝望。某天，一位常年愁闷的老友来访，她以从未有过的积极状态说自己正在服用抗抑郁药，而且激动得语无伦次："它改变了我的生活……要是二十年前我就开始服用这些药该多好。"法林顿多年来都拒绝服用抗抑郁药，现在他决定尝试一下。法林顿的妻子因此备感欣慰，喜极而泣。法林顿先服用了一个疗程的怡诺思，然后奇迹般地感觉自己宛如重生。他写道：

> 虽然药物的确产生了许多副作用，但开始服药约一周以后，某天下午，我买了一包烟和一袋杂货开车回家。那时正值二月，我发现冬天路边的树木在明净的阳光中那么美丽，吸引了我全部的注意力。从目光触及那些树木的一刻起，我似乎就感受到了永恒。

从法林顿讲述的经历来看，神奇的药物仍发挥着功效。可能有人会觉得法林顿肯定很后悔，如果他早些求助于药物，就不必有那些凄苦悲凉的遭遇了。但是，法林顿却不这么认为，他写道："只有如此妥协，只有承认自己的无能，我们才能迎来真正的自由。"

我们大多数人都无法忍受的终极真理就是：我们自身的软弱和对上帝的依赖。但是法林顿认为，一个终生痛苦、成天郁郁寡欢的人，是无法懂得这一真理的。毕竟，连耶稣本人也想绕过这个坎儿。人们或许不必以一生受苦为代价，来换取应当放弃自控的认知。

相反，克尔凯郭尔执着地想要至死都保留这种心头之痛。实际上，克尔凯郭尔坚决不肯向上帝祈祷，来除掉抑郁这根"肉中刺"。他对忧郁这位情人忠诚得有些古怪。一个拥有超能力的思想家可以轻易地一飞冲天，并迷恋自己的非凡能力，但是，正是长期以来的抑郁让他明白，即便他有许多关于信仰和真诚的著作，也完全不能确保他就是一个有信仰的、真诚的人。

克尔凯郭尔感恩于抑郁症也是因为，在其警醒下，他才能谨记"在上帝面前，我们永远是错的"，即我们都是罪人。而且克尔凯郭尔坚持认为，在上帝的诸多启示中，更重要的应该是人皆有罪，而不是人人都能得到救赎。克尔凯郭尔为拥有抑郁特质而心存感激，这虽然有某种积极意义，但我们一直犯的错误是，抑郁症患者会因此自视有罪从而残忍地折磨自己。现实性的内疚是一方面，精神性的自我献祭又是另一方面，相较之下，抑郁症患者更擅长后者。然而，抑郁症一旦失去洗劫我们存在的能力，便会成为智慧的载体。

尼采最著名的格言就是："凡是杀不死你的，都将使你更强大。"显然，这句话绝非普遍真理，因为那些差点儿害死我们的东西往往会使人精神衰弱、逐渐步入死亡。但若能把握好抑郁的度，无须刻意，我们就能更好地感受那些负面情绪。我有一个朋友，他家里有三个小孩，一年之内，妻子去世，自己也得了咽喉癌。数年前，我有一个学生，他沉默寡言，经常坐在教室后面的座位上。某天下午，他向我坦白说自己无法专注，因为在过去的九个月内，他的父母相继离世，所以他极度伤心，还很孤独，无法集中自己的注意力。全世界有数百万难民在逃难，他们四处找帐篷以短暂栖身，常被当地人轻视鄙弃。虽然我们不能减轻他们的痛苦，但从某种程度上来说，所有人都是痛苦和不幸的受难者。我还有一个学生，他 11 岁的妹妹因患有白血病而去世。他把悲痛比作现代的麻风病，他曾写下这样一段令人动容的话："人们不知道该对丧亲之人说些什么，所以，他们（或者我们）对悲痛的事避而不谈，就像会因此染上某种疾病似的。"如果像爱自己那样爱邻居是人生第二大要事，那么，挥之不去的悲伤和焦虑情绪也许能让我们的内心变得柔软，帮助我们完成这项谈不上光荣的基础事项。

你会成为一名相信存在主义的僧人吗？我觉得没有什么不可以的。修习佛学的人知道，一无是处的自我认知占上风会导致什么样的后果。虽然听上去有些天真幼稚，但当精神受限的时候，我们应该柔和地抗拒这种具有诱惑性和麻痹性的观念，即认为这个世界是疯狂的，我们根本束手无策。反之，我们应该低声提醒自己，世上还有数百万人和你一同困在抑郁的囚牢。抑郁有助于我们意识到自己的软弱，以及人与人之间的相互依赖。然而道理很简单，困难在于付诸实施。

　　我在这本书里多次提到，我们的感受是一方面，我们自身与感受相联系的方式是另一方面。当自认无用的情绪冲破心灵的防线时，我们不应觉得孤立无援。相比于被关在自己苦难的牢笼中心生孤戚，我们应该敞开伤痕累累的心，向所有正在自我折磨的同胞传递爱与慈悲。在这种世俗的意义上，抑郁才不会变成绝望。

第三章

死亡

无论如何，巨大的悲伤笼罩着我

　　二十出头时，在二月的某个寒夜，我和朋友开车回新泽西，从哪儿出发的我记不清了，但我记得车上放着滚石乐队那首咆哮嘶吼的《和死先生共舞》（*Dancing with Mr. D.*）。我们跟着音乐一起唱，准备开到尼亚加拉瀑布那儿。当时已是后半夜，气温降到了零下 10 摄氏度以下。通向瀑布口的下坡路结了冰，斜坡的一侧围着铁丝网。我欢呼狂笑着爬过铁丝网，往下爬到悬崖边，脚下便是声如洪雷、咆哮而下的瀑布。只要滑上一跤，大概就得和世界说拜拜了。但是没什么好担心的，那时候我就爱拽死亡的胡髯，自认为有不死之身。

　　克尔凯郭尔、托尔斯泰、加缪、海德格尔等存在主义哲学家常常在自己的墓穴上走来走去，思考死亡对于人生的意义。在我的存在主义课堂上，唯有死亡的话题最能令那些十八九岁的学生津津乐道。他们大都从电视和电脑游戏中见识过数以千计的人被炸成碎片，或者被子弹穿过胸膛的死亡场景。但是他们中的大多数人都没有真的接近过死亡，近到甚至可以嗅到它的气息。他们没有站在重症监护室的病床边，听着绿色应急灯嘀嘀作响，在挚爱之人苟延残喘之际给他喂冰块润嘴。学生们和年轻时的我一样，喜欢和死亡嬉闹。谁知道呢，或许是因为那时的我内心如一潭死水吧。然而，就算到了35岁左右，我还是在写关于死亡的论文。回顾往昔，尽管我已是一个成熟的男人、一个父亲，却仍在继续和死亡较量。但我现在已不会再跑到尼亚加拉瀑布上面游玩，与死亡的较量变成了智慧上的博弈。

一切都变了。因为我曾坐在父亲的病榻旁，看他戴着氧气罩，面庞逐渐肿胀变形，又在癌症的摧残下萎靡下去，离开了这个他再也无法融入的世界；因为我曾在母亲小腿变凉、死亡气息蔓延至全身的前一周里，听她不停地叹息；因为我曾来回踱步，搓着双手，等待妻子乳房切除手术的结果，看癌细胞是否有扩散的迹象；因为心脏装着支架，又年至七十，所以，我再也不想和死神玩捉迷藏了。

虽然我们不知道自己能活多久，但是我们很清楚人的寿命是有限的，至少从理性上是这样认知的。死亡是必然发生的未然，它限制着我们的寿命。死亡肯定会到来，不确定的是它何时到来。

最近，死亡学成了专业的学术领域。一项新学科也随之诞生，主要研究死亡的方式和看待死亡的方式，就好像只要研究死亡，我们就能控制死亡似的。心理学家等研究生活方式的专家们写了一大堆关于死亡与濒死的著作，作品常会概述不同阶段的悲伤，接着又会重提那套"撒手人寰"的陈词滥调。

除了心理学以外，自古以来，哲学就有思考死亡的庄严传统。中世纪的学者们常会在桌上放一个骷髅头，借以提醒自己"万物归于尘土"。苏格拉底认为，哲学不是某种生活的艺术，而是一种对死亡的实践，一项练习如何摆脱某些情绪和感觉的实践，因为那些情绪和感觉常会掩盖我们如恒星般耀眼的理性之光。苏格拉底是斯多葛派的先师，斯多葛派和佛教都极为重视内心平静，即心境平稳，二者都认为对死亡的畏惧最能扰乱人们内心的平静。马可·奥勒留（121—180）等斯多葛派学者认为，对死亡的畏惧使我们都沦为了奴隶。他们相信，既然人们愿意为了活下去而不择手段，想必也甘愿给自己戴上枷锁。对于斯多葛派学者而言，死亡有助于逃避痛苦的生活，一如他们常说的："死亡的大门永远敞开着。"即便如此，我认为，斯多葛派也不会成为自杀热线的头号粉丝。因为在斯多葛派看来，还有比死亡更惨的宿命，比如，道德败坏。如果一个类似纳粹的政体掌权，你认为在这帮强盗的统治下过不上安定美好的生活，就可以追随加图（M. P. Cato，前95—前46）、塞涅卡等斯多葛派哲学家的步伐，选择离开。虽然斯多葛派可以使出各种诡计与死亡较量，但是却没有从死亡中吸取任何教训。

　　19世纪末，叔本华（1788—1860）在写作中把死亡比作意识的分界线：

> 我们年轻时充满喜悦和活力，一部分原因是当时自
> 己正在攀登人生的高峰，看不见死亡，它还远在山对面

的谷底。一旦我们越过山顶，死亡就在目光所及的地方了——在那之前，我们都只是听说过死亡……年轻时的朝气蓬勃不再，只剩下严肃刻板，就连人的面部表情也能清楚显露出这一变化……在人生快走到尽头时，每一天我们都像是接受审判的罪犯那样胆战心惊。

叔本华的话一针见血。我们大多数人年轻时都以为自己所向披靡，战无不克。等到发现脖子上长了肿块，我们才看清了自己生存的危机，开始感到恐惧和孤独。经过弗洛伊德的深入研究，他发现叔本华——这位资深的心理学家认为，压抑求生欲就是人生最大的收获。然而，和斯多葛派的学者一样，叔本华也赞同，我们从思考死亡中得不到什么特别的人生哲理。托尔斯泰则恰恰相反，他着实从思考死亡中有所收获。

作为克里米亚战争的军官，托尔斯泰对死亡和杀戮毫不陌生。但是，托尔斯泰三十出头时，他深爱的兄长尼古拉（Nikolai）就离开了人世。为此，这位俄国文学巨匠深陷抑郁，日渐消沉。托尔斯泰的体力和精力都异于常人，他一边长时间在田间劳作，一边写出了《战争与和平》《安娜·卡列尼娜》等作品。然而，在尼古拉逝世后的几年里，这个坚毅的男人一直被抑郁的阴霾笼罩。他不能理解如此荒谬的现实，即自从出生以来，我们就一直在拼命地求生，一直在与他人保持亲密联系，可太过亲密的关系导致我们不再顾及个人感受。结果，心中许多躁动的分子四处游走，然后"嘭"的一声，我们就像气球一样爆炸了，一切都化为了乌有。尼哥底母（Nicodemus）偷偷夜访耶稣那回，耶稣知道他是为了永生而来。托尔斯泰和尼哥底母一样，他在《忏悔录》中叹息道："我迫不及待地想要熬过无数个交替的日夜，最终走向死亡。这就是我所看到的。那才是真实，别的全是虚假。"

弗洛伊德有一个著名的论断：人们之所以信仰上帝，是因为他们如孩童般渴望被保护。如果弗洛伊德听说了托尔斯泰皈依基督教的事，他定会暗自嘲笑。但托尔斯泰之所以会成为一名虔诚的基督徒，是因为他相信只有耶稣能战胜死亡。

虽然托尔斯泰心情抑郁，但是他还是完成了《伊凡·伊里奇之死》这部作品。《伊凡·伊里奇之死》是极具讽刺意味的文学经典，展现了资本主义社会中人们的焦虑、隔阂、自我疏离以及人们奄奄一息的精神世界。托尔斯泰是法国数学家和哲学家帕斯卡尔（1623—1662）的书迷，帕斯卡尔曾说，只有人类学会独自静坐，世界才能和平。虽然托尔斯泰十分赞同这一观点，但是在《伊凡·伊里奇之死》中，他却认为，人们对死亡无言的恐惧与对消遣娱乐的渴望和彼此之间的疏离密不可分。

托尔斯泰笔下的主人公伊凡·伊里奇，虽然经历坎坷，但是似乎在所有人（包括他自己）看来，他的生活一直顺风顺水。在小说中，托尔斯泰还写到了他升职和增加资产的事，这似乎足以让这位律师先生过上舒适安稳的日子。对处于上升阶段的人来说，新房无疑是幸福的象征。几经挑战后，伊凡终于成了幸运儿，他被任命为法官，自然而然地建起了一座奢华的新房子。

一天下午，这位法官大人在挂窗帘时，从高处摔了下来，侧倒在地上。几天后，他感到一阵没来由的疼痛，主要集中在肾附近，时断时续，后来蔓延到了全身。伊凡日渐衰弱，他拜访了许多名医，但什么也没有诊断出来，也没有任何药物可以长时间缓解他的疼痛。伊凡的希望忽明忽灭，犹如冬日的阳光，时而照亮硬木板，时而不见踪影。但是，伊凡渐渐觉得自己在慢慢走向死亡。有一回，他偷听到姐夫告诉普拉斯科维娅（Praskovya，伊凡的妻子）自己即将不久于世，可是在此之前，没有人说过他快死了这件事，就连医生也没有。人们孤立疏远伊凡，仿佛他得了瘟疫似的。于是，可怜的伊凡变得恐惧不安，伤心难过，对人世、对上帝心怀怨念。没有人向他伸出援助之手，也没有人倾听他的痛苦：他那无用的伴侣、肤浅的女儿以及那些桥牌牌友都是如此。还有一回，他躺在病榻上，听到人们在妻子组织的宴会上闲谈，他愤愤不平道："死亡啊，是呀，死亡啊，他们之中没有一个人了解你，也没有人愿意了解你；他们对我也毫无怜悯之心。"

唯有伊凡的仆人盖拉西姆（Gerasim）同情他这个将死之人。在伊凡的病痛越来越严重时，盖拉西姆抬起他的双腿，把他的腿靠在自己宽厚的肩膀上，这样伊凡的疼痛便减轻了许多。某个深夜，伊凡送走这个年轻仆人时，感谢他的慷慨善行，盖拉西姆随口道出了伊凡将死的事实（尽管说出这件事并没有那么简单），他说道："反正我们都会死去，做这么点小事，我又何须抱怨呢？"

把小说或者诗歌浓缩成一句话，当作目录索引或刻在礼品卡片上都太愚蠢了，就好像是：如果托尔斯泰真的那么才智过人的话，他就不该再揶揄我们，而是直接告诉我们他的小说主旨是什么就好了。然而，通过《伊凡·伊里奇之死》，托尔斯泰希望读者明白，缺乏信赖与手足之情的现代生活，就等同于精神的死亡。

随着病痛慢慢将伊凡推向死亡，《伊凡·伊里奇之死》的章节内容变得越来越短。直到生命的终点，伊凡才感到懊悔和困惑，像他这样的人没做错任何一件事，可是，他做的每一件事却都注定了他走向死亡的悲惨宿命。这似乎很不公平，但是，伊凡在经历病痛、担心死亡的同时，真理也渐渐浮现。他从死亡中领悟到何为人性，若他还活着，便无从知晓这些。伊凡逐渐认识到，自己的社交圈是由一群没有灵魂的野心家组成的（包括他自己在内），这群人只关心自己的财产收入、安逸程度和社会地位。

死亡揭示了他和妻子常年貌合神离的事实。垂死之际，普拉斯科维娅靠近伊凡时，"她鼻子和脸颊上的泪水还未干，脸上露出绝望的表情"。伊凡向来自私自利，直到最后，他才摆脱了这条自私的人生轨道，他想："因为我，他们才变得如此不幸，"所以，"'只有我死了，他们才能过得更好。'他已经没有力气把这些想说的话说出口了……他看了一眼妻子，又看了看儿子，说道：'把他带走吧……我对不起他……也对不起你……'他想再加一句：'别记恨我'，却错说成'别了'。他摆了摆手，知道只要上帝能明白他在说什么就好。"

　　虽然人人都不愿去思索死亡的意义，但只有这样，我们才能理解家庭的意义。然而，伊凡之前却从没想过自己会渴望拥有亲密的家庭关系。直到时间的沙漏流尽，他才意识到自己的那份渴盼，或许，他能意识到这一点，就已经足够了。

　　托尔斯泰有一个在俄国生活的丹麦朋友，这位朋友无比崇拜他的同乡克尔凯郭尔，喜欢把克尔凯郭尔《非此即彼》中的一些片段翻译成俄语，然后大声用俄语念给托尔斯泰听。虽然托尔斯泰对这些外国文学选段没什么兴趣，但是他和克尔凯郭尔却是精神上的至亲。他们俩都注意到了理性和信仰的冲突，都强调人与上帝的联系比人与"调解"人和上帝关系的各大基督教派的联系更重要，行动比信仰教条更重要。最后，克尔凯郭尔和托尔斯泰出于同样的道德因素，敦促我们要深入思考死亡，尤其是我们自身的死亡。

　　大多数存在主义作家常常指责一些有关世界和历史的思考方法缺乏远见卓识，他们是以客观冷静的态度思考生命意义的怀疑主义者。他们认为，人们自以为可以客观地认识那些意义深远的东西（尤其是在道德和宗教方面），仿佛只要清醒冷静、镇定自若地理性思考，我们可以努力成为什么样的人这个问题便能够（或者说应该）得到解答，而这些不过是启蒙运动的幻想罢了。是活在和上帝的联系中，还是视神学为无用之物而弃之，在某种程度上，这一决定会影响你将成为什么样的人。在做出关乎存在的选择时，如果我们能像法庭上追求公正的法官那样，把自己视为观察自我的第三者，那么，按照克尔凯郭尔的观点，人的意义也就被扭曲了。

正如之前提到的，克尔凯郭尔鼓励我们最好从第一人称出发，由内而外地思考生命。在他看来，从柏拉图时期到黑格尔时代，哲学家们所提出的各种设想都存在一个问题：囿于理论，而"遗忘了自身的存在"。克尔凯郭尔坚信，死亡和焦虑都能让我们有所收获，但他提醒我们一定要心无旁骛，亲身体验。克尔凯郭尔的哲学巨著《最后的、非科学性的附言》以死为例，区别了客观事实和其背后的意义，以及普遍客观认识和个人的认知。他写道：

> 比如，死意味着什么。我知道人们对死这个话题有哪些共识：如果吞下一口硫酸，我会死；溺水或在烧煤的屋子里睡觉会死。我知道，拿破仑总会随身携带毒药，莎士比亚笔下的朱丽叶就是服毒自杀的。斯多葛派学者认为自杀是英勇之举，另一些人则认为自杀是懦夫的表现……我知道悲剧故事的英雄会在第五幕死去……我知道，诗人描写死亡的时候各有悲喜。

这个丹麦煽动者又写了一连串诸如此类的客观事实，然后突然笔锋一转，把问题抛给了我们："尽管我非常了解死亡，或者说，我精通死亡之事，但我绝不能依据我所理解的那样对待死亡。"

克尔凯郭尔鼓励我们最好从第一人称出发，由内而外地思考生命。

我了解一切关于死亡的事，但我依然不能理解为什么人就得死。也就是说，客观事实和抽象理论是一回事，但这些事实和理论对我个人的意义又是另一回事。个人意义是存在主义研究探索的关键，抓住这个关键，有助于解答"人会有死亡的一天，这对我而言意味着什么"的问题。

在之前提到的《墓地旁》一文中，克尔凯郭尔建议我们在桌上放一个骷髅头造型的东西。他在演说中坚决反对生者将自己的存在视为虚无，而且，他还希望我们相信，只要有足够的想象力和勇气，相对立的生与死也能融为一体。我们可以思考自我，以及自己的死亡。

想象自己的死亡很难。克尔凯郭尔认为，涉及死亡这件事的时候，我们常常会想偏，往往会转而推测自己目前的心理状况，在这种情况下，不是太过沉重或散漫，就是太过轻浮或抑郁。对于自己死亡的幻想无论是令人毛骨悚然还是令人眼花缭乱，都不妨事，因为思考死亡很快就会变成一场墨迹测验①。在这场测验

---

① 墨迹测验，由瑞士精神科医生、精神病学家罗夏创立，是最著名的投射法人格测验。

中，我们无须直面时间耗尽、一切化为乌有的境况，就可以挖掘出深藏在内心的人生观念。

《墓地旁》一文罗列了我们思考死亡时会犯哪些错误、误入哪些歧途。比如，我们常听人说，死亡是一场长眠。但是，克尔凯郭尔却戳中要害："看看那个沉眠的逝者吧，他不像睡着的孩童一样面颊红润，他没有新的活力……他不像熟睡中的老人那样，能做一场美梦！"

有人说，死亡是上佳的平衡装置。也许，丽兹酒店的一个清洁女工二十年来都在为那些养尊处优的顾客打扫房间，某天因为没有换掉冰箱里的汽水而受到了客人的指责。为此，她咬牙切齿，闷声不吭，随后连连道歉，心里默默地自我安慰，心怀怨念地想着——死亡面前人人平等，无论是富人还是穷人都将沦为虫子的食物。但克尔凯郭尔却不赞同这种自我慰藉的方式，当然，这并不是因为他生性冷漠。他说："决定去死不是什么平等的事，湮灭才是平等的。唯有这么想才能缓解生者的痛苦！"

"愉快地吃喝吧！"[1] 是另一种对待死亡的错误态度。克尔凯郭尔将其斥为放荡无度的懦夫之举。伊壁鸠鲁（前341—前270）曾说："只要我们存在一天，死亡就不会来临。而死亡来临时，我们也不会存在了。"所以，一个理性的人，他从不畏惧死亡。

---

[1]　《圣经》中的原句是："eat,drink,and be merry."

克尔凯郭尔听到这套诡诈的逻辑，苦笑道："这个狡猾的思想家在讲笑话呢，他没有把自己考虑在内。如果他只考虑死亡却不考虑死亡中的自己，"那么这"不过就是个笑话"罢了。

克尔凯郭尔发现，暴雨来临之际，我们许多人都会无望地蜷缩成一团。但是，有着丰富宗教知识的精神分析师克尔凯郭尔痛斥那些渴望死亡的人，认为他们不应该"如此懦弱地渴望变得抑郁，任由空虚冲昏头脑，以求从恍惚中获得解脱"。

和那群理性的知识分子不同，克尔凯郭尔对情绪的意义有着深刻的认知。在《墓地旁》中，克尔凯郭尔认为情绪就是内心的天气，会受到外界的刺激，随着日夜的交替，心情会时好时坏。

上周，一位老友吓了我一跳。我和他一起痛饮啤酒，过了一两个小时之后，我酒兴起来了，感觉自己回到了运动员时代，仿佛眼前有橄榄球朝我飞来，抑或飞来的是拳击擂台上对手的一记左勾拳，似乎所有的焦虑和遗憾都一扫而光。第二天，我接到一个电话，得知另一个好友由于长时间承受着莫名的悲伤，于是朝自己脑袋开了一枪，把这些恼人的想法一扫而光了。仿佛能吞噬一切的悲伤如乌云一般笼罩着我，我一想到人生会像加缪和齐奥朗所描写的那般荒唐可笑，就感觉心里阵阵刺痛。但克尔凯郭尔提醒我们，无论情绪掀起多大的波澜，只要我们牢牢记住自己将成为什么样的人，就不会混淆情绪和真诚。

有时候，似乎就像是上帝对我们开了个玩笑。克尔凯郭尔的名字在丹麦语中的意思是"教堂墓地"。年轻时，克尔凯郭尔曾多次前往教堂周围的墓地。不到二十岁，克尔凯郭尔就已经为母亲和四个兄弟姐妹的棺材撒了土。但是，他却坚信，见证另一个人的死亡（哪怕是你的亲骨肉）"只是一种情绪"。你会感到悲痛至极，双膝发软，精神崩溃，会恨不得自己也跳进坟墓算了。深爱之人的死亡也会产生同样的效果，这也只是一种情绪，和你同自我的关系无关，后者只有在意识到自己的死亡时才会出现。

克尔凯郭尔提醒我们，无论情绪掀起多大的波澜，只要我们牢牢记住自己将成为什么样的人，就不会混淆情绪和真诚。

《墓地旁》开篇一句话是："就这样结束了！"（Så er det da forbid！）在接下来的内容中，"就这样结束了"这句话将以音乐中赋格曲的形式重复出现。克尔凯郭尔似乎认为，这句重复出现的话就是关注和定义死亡的最佳标题。日子一天天过去，谁知道死亡什么时候来临。生活就是一个故事，我们改动不了故事中的任何一句话。也许，一周前，你下定决心做一个温柔体贴、关怀备至的好丈夫。在下班开车回家的途中，收音机里传来一首流行歌曲，歌词听起来有些愚蠢："如果你伤了我的心，就不能上天堂。"在最不可思议的地方，往往可以淘到智慧和真知灼见。不

知怎的，这首歌融化了你的心，于是你心中充满了柔情，重新爱上了那个为你生儿育女的女人。你下定决心：从现在起到生命终结，每一天，你都会亲吻你妻子的双唇，告诉她你有多么爱她。车子停了下来，眼前的红灯似乎在随狂风摇曳，跳着吉格舞，你迫不及待地想要径直飞奔回家，拥抱家中的妻子，和她聊一聊今天发生了哪些事，那些只有你们两个人感兴趣的事。这首歌似乎唤醒了你，让你发现上帝赐予了你一件多么好的礼物——亲密关系。就在那一刻，你的胸膛中"轰"的一声爆响，似乎要把你炸飞到平流层，在那儿，一切都显得那么渺小和遥远。你悄悄地走了，在别人眼中，你似乎是突然离世，但מ过程其实是有一段时间的。以伊凡·伊里奇的死亡为例，其实片刻即是永恒，死亡的那一秒是如此漫长，那一刻，你感到悲痛不已，因为你再也没有机会成为自己理想中的那个亲密伴侣了。

　　无论是在如今还是在克尔凯郭尔的时代，人们都渴望在睡梦中死去，也就是说，不想体验死亡的过程。如果人们在睡梦中突然死亡，那么他们将没有时间也没有机会意识到——别人的生命还在延续，而他们的生命已经结束了。

　　唐·德里罗（Don DeLillo）在小说《白噪音》中描写了一种可以消除死亡恐惧的药。你想服用这种药吗？克尔凯郭尔是绝不会开出这种药的，但尼采会十分赞成。也许是因为，尼采认为，主动思考死亡就是在恶意消磨时间。尼采的忠实读者菲利普·里夫曾打趣说："你只活一次……没问题的话。"尼采建议我们，忧郁地思考死亡是在浪费生命，别再做那么愚蠢的事了。既然拥有如金子般耀眼的阳光，那么就汲取阳光的温暖，好好生长，去冒险，去创造吧。即便死亡注定来临，也要在死亡之渊上起舞。我们的丹麦顾问克尔凯郭尔则认为，这种尼采式的建议是一种虚张声势的态度，它甚至会让你错过人生的关键，即做一个感受到一切的人。克尔凯郭尔建议，我们在面临忘记人生关键的危机时，只有竭力地真诚思考"死亡"，才能对生命追本溯源。

克尔凯郭尔在《墓地旁》中写道："商人说凡是商品必有其价值……商品匮乏之时，就是商人获利之时。这句话说得很对。"

时间就是一种商品，我们可以想象时间匮乏的情景。克尔凯郭尔继续说："真诚之人一想到死亡，便能想到时间匮乏时的境况。因此，每一年，每一天，都拥有无限的价值。"

哲学家威廉·巴雷特（William Barrett）转述黑格尔的理论，将存在主义带到了美国，他写道："死亡，我的死亡，令我惶惶不可终日的死亡，它意味着我很可能失去现在这个世界。死亡是极其重要的内在可能性，就在当下，每时每刻，都弥漫在我的存在里……死亡是最极端、最绝对的可能性，因为它可以抹杀其他一切的可能性。"作为克尔凯郭尔和黑格尔的代言人，巴雷特继续说道："然而，我们在思考生命有限性的终点时，若是没有惊恐地转身逃走，自由便会接着到来。"

死亡不仅能带来自由，还能重新调整事情的优先顺序。之前似乎毫不在意的事，在我们思考死亡之后会变得更重要。重新排列事情的优先顺序，应以长久的人生大事为先，浅薄的细碎琐事为后。例如，我时常自问，今天我努力为他人奉献了吗？我努力站在他人的立场为他们着想了吗？再具体一点，之前提到过，我妻子曾得过乳腺癌，后来活了下来，但现在她又患上了帕金森。她为此而感到难为情，不停地计算自己还要吃多少药。大多数时候，她把帕金森看作自己人生之路上的又一个坎儿。但是，她的疾病让我对上帝和存在充满了愤怒。有些夜晚，在药物见效前，她的身体一直剧烈地抖动，连床也跟着晃动。病情恶化时，她时常需要卧床休息。某天晚上，我需要人安慰，但她又不可能陪我，因此我怒火中烧，所以转过身背对着她，似乎想让她知道……其实我也不知道自己想要让她知道什么。后来，我终于意识到，**不久后的某个夜晚，这一切就会结束——到那时，我们俩就只剩下一个了。**然后我恢复了理智，转过身去，轻抚着她的头。我重置了自己的情绪。

虽然可能有些迂腐，但克尔凯郭尔对死亡的认识是这样的：不要对和你共度一生的人漠不关心，别和他们争吵，别让他们担心。

虔诚的信徒克尔凯郭尔认为，死亡是在让我们"想起上帝"的提示。不断思考死亡，可以刺激信仰的形成。那些以"上帝已

死"为福音的人又开始质疑了，他们怀疑克尔凯郭尔的深刻见解是否具有引导作用。也许，我们可以把克尔凯郭尔的智慧理解成他以世俗眼光思考死亡的结果。如果你不信上帝，而是信仰"爱"这个字，你可能就会认为爱情是生命中最珍贵的东西。虽然可能有些迂腐，但克尔凯郭尔对死亡的认识是这样的：不要对和你共度一生的人漠不关心，别和他们争吵，别让他们担心。

当我意识到遗忘的火车正悄悄地从我身上碾过时，我可能就不会那么随意怠慢与他人的关系，对别人发火，或者不急于修复关系上的裂痕了。数十年前，我和哥哥汤姆（Tom）因为身患重病的母亲在电话里大吵一架。汤姆比我大九岁，却像父亲一样照顾我。有时，我会想，如果没有他对我的关爱和保护，在那样一个硝烟四起的家庭，我又怎能幸免于难？汤姆对我的影响极大，我在带孩子的过程中，常常发现自己在和年幼的儿子们嬉笑打闹时，就如同他一般温暖、幽默。然而，那次通话结束后，我们再没有说过话，就这样过了十年。如果我从死亡中有所思，也许我的自尊心就会被吓跑；如果我从死亡中有所思，也许我就不再会漫不经心下去；如果我从死亡中有所思，也许我就会开五个小时的车去看望他，试着缓和我们之间的关系。我将信将疑地以为有一天我们俩会和解，而且我还曾幻想，我们俩都不会经历多大的磨难。母亲的离世最后化解了我们的矛盾，我们又和好如初，但彼此都很后悔那些断绝来往的日子。我们站在各自生活的轨道上，没有和对方说一个字，也没有拥抱过。

　　这个事例足以证明克尔凯郭尔关于死亡的建议。但我认为，他没有注意到死亡的另一个方面，也就是说，那种完全的、纯粹的悲伤。三年前，我曾和一位年近九十、时日无多的老妇人坐在一起。她是一位著名的基督教福音派作家，有一群崇拜者，他们希望她在往生中能得到上帝的庇佑。她心地善良，诚实大方，在我俩单独相处的时候，我握着她瘦骨嶙峋的手问："你知道自己要离开人世了，会害怕吗？"她咬了咬下唇，摇了摇头，回答道："不害怕，但是我很难过，非常难过，因为我会想念每一个人。"

　　每一个愿意认真思考死亡的人都得考虑，在联系的纽带崩裂后，随之而来的沉重心情。虔诚的信徒相信人们死后还会重聚，怀着信仰越过了那条裂口。但我那位年近九十的朋友虽虔诚至极，却仍沉浸在悲伤中。就连耶稣在客西马尼园（Gethsemane）[①] 里也曾因为死亡的来临而悲痛。某些人嘲讽说，人一旦死了，便感受不到失去之苦了；但也有人反驳说，不管有没有意识到，失去美好的事物（比如，最美好的东西——爱）都算作失去。那么，想想那些悲痛至极的人，对他们而言，你的离去就如同一块断裂的大陆漂向远方，这便足以让你合上克尔凯郭尔的书，不再思考死亡；除非你和我一样相信，要想成为真诚的人，就得拥有承受悲伤全部重量的能力。

---

① 客西马尼园，耶路撒冷的一座果园。耶稣被钉死在十字架上的前夜，和他的门徒在最后的晚餐之后前往此处祷告。

第四章

真
实

人生在世，永远也不该演戏作假

讨论时代精神时，有必要先明确一下地点。我住在明尼苏达州，在我生活的那个街区，人们按部就班地计划休假，期望孩子上大学，参加瑜伽课，有人还会去教堂。人们口中常提到"明尼苏达式友善"①，举个例子，在我们这儿，你若去给某人送生日礼物，回家前定会收到对方回赠的感谢卡。不过，就连千里之外的北极星镇（North Star）居民都怀疑"明尼苏达式友善"底下一定暗藏着"明尼苏达式冷淡"，即我们从心底会觉得自己的礼貌周到在很多情况下并不真实。

但"真实"到底是什么？"活出真实的自我"又意味着什么？

20世纪五六十年代，展示理想中美国传统家庭和郊区生活的电视节目大受欢迎。同时，霍尔顿·考尔菲德（Holden Caulfield，《麦田里的守望者》）、威利·洛曼（Willy Loman，《推

---

① 指美国明尼苏达州人民热情友善的待人方式，包括拒绝冲突、严于律己、宽以待人。

销员之死》）等文学形象和很久之前的伊凡·伊里奇一样，揭示了人们潜在的恐惧——害怕变成流水线上的产品，失去自我，为外界所定义。

反观和我一起在郊区居住的人们，以及我的学生，都将追求真实这一迫切问题抛诸脑后，代之以自拍、利用社交媒体自我营销，或在领英和脸书上打造个人简介，仿佛每个人都毫不掩饰地为自己代言。但这些都不是你，而只是你的表象。著名的 X 世代①作家查克·克洛斯特曼（Chuck Klosterman）说过："说真的，我认为我们这代人都非常鄙夷真实，很大程度上是因为我们嫉妒真实。"

虔诚在今天看来就是"跟着感觉走，做自己喜欢做的事"。人人都应该对生活怀有梦想，只要你坚持不懈地追求理想生活，仿佛那种生活才是你的本质，那就是真实的。于是，保罗·高更偷偷地离开家庭，跑到塔希提岛（Tahiti）画画，但他的所作所为是真实的。著名哲学家查尔斯·泰勒谨慎地捍卫真实性原则，他引用了畅销书作家盖尔·希伊（Gail Sheehy）的《短文：那些能预见的成年危机》（*Passages:Predictable Crises of Adult Life*）中有关真实（个人自我实现方程）的例子。希伊如同布道一般说道：

---

① 专指 1966—1980 年出生的人。

　　你想在人生行至半途的时候离开的话，是不可能什么都带上的。你就如同在搬家，搬离制度的要求和别人的日程，搬离外界的评价和认可。你从各种角色中抽身，进入自我。如果我能给每个从生活中抽离的人一份送别礼的话，我会送一顶帐篷，一顶供人暂时歇息的帐篷，随时随地可以让人落脚的帐篷……我们每一个人都有重生的机会，成为独一无二的真实自我……自我发现之乐随处可见……

讨论真实的哲学理论很多，但我不用借助理论就能知道，自己一生中大多数时候都在和成为不真实自我的恐惧较劲。巨大的不安全感以及为了消除这种不安全感所做出的巨大努力让我踏入了体育界和学术界，而我觉得自己和这两个领域格格不入，有时事实确实如此。20世纪80年代初，在一个秋末的午后，我有关真实的烦恼一下子爆发了，差点儿毁了我的未来。

　　人人都应该对生活怀有梦想，只要你坚持不懈地追求理想生活，仿佛那种生活才是你的本质，那你就是真实的。

在菲利普·里夫门下学习的那段日子仿佛是上帝给我的恩赐，我一定要把这段经历告诉我的研究生们。里夫的穿着打扮和行事作风就和《唐顿庄园》中的人物一样中规中矩。有时，他还会戴上大礼帽和单片眼镜。里夫和克尔凯郭尔一样，看起来像是学术界的异类。里夫坚信，礼貌是我们由内而外区别于野蛮人的最后一道防线。里夫说话从不"呃"，也从不结巴，因此会让人听得昏昏欲睡。他说起话来就像在读书，像在读一本好书。几十年后，他在文章中大篇幅地讨论个人魅力，这一品质在他身上体现得淋漓尽致。作为他的学生，只要他一出现，我们就能深深地感受到这种魅力。

一天下午，里夫要我去见他，聊聊我正在写的有关弗洛伊德和克尔凯郭尔的论文。我十分紧张，慢吞吞地走进他的办公室。当时的我穿着大喜吉（dashiki）①配西装，还戴了只金耳环。里夫瞥了我一眼，露出仿佛咬到柠檬的表情。"为什么你举手投足、穿着打扮看起来像是道儿上混的？"他暗笑了几声，接着说，"还有，你为啥要戴这种不三不四的耳环？"有趣的是，之前他见过我这副打扮，并没有说什么。要么他觉得我穿得太歪门邪道了，要么他觉得我对他已经相当仰慕，所以就算他狠狠批评，我也不会做出什么伤害自己的事。情急之下，我口不择言，愚蠢地说耳

---

① 一种颜色花哨的短袖套衫，源于非洲。

环是一种象征。"象征！"里夫哈哈大笑道，"这么说来，往后十年，商学院的每个人都要戴耳环了。耳环象征着什么？"他尖锐地问道，"既然你认为耳环是象征，那你一定对耳环的历史有所了解吧？"他开始考我了，"你对耳环有哪些了解呢？"我哑口无言，只能耸了耸肩。一段令人忍不住大声尖叫的死寂之后，里夫开始和我讲述耳环简史，解释说在意大利南部，也就是我的祖辈居住的地方，农民们经常戴耳环。

对于一个人的回忆，别全盘接受，我的也不例外。不论我们多么努力地回忆，多年前的谈话多多少少都会夹带些虚构的成分。可以这样说，那些我曾说过的一字一句，我都想不起来了，但我记得自己说过类似的话，尽管记忆有些模糊。虽然我在一所顶级大学就读博士，但我依然愿意真诚地面对自己的背景。即便在今天，我也偶然听说一些体育明星会像我一样公开承诺，尽管他们签了七位数收入的合同，住在郊外的大别墅，他们也不会忘记自己的根在哪儿。里夫透过他厚厚的眼镜片盯着我，眼睛眨都不眨，将修长的手指放在办公桌上，对我说（这句话我一个字都没改）："马里诺先生，轮到你来说几句了。"站在这个男人面前，我胆战心惊，心中涌起一股冲动，但并不是一怒而起告诉他去对别人说教的冲动。

我头脑一片混乱，试图保持真实，试图真实地面对我心中的自己——或许多少有点像工人阶级英雄的温和博学版。里夫说得没错，我对他的感情是真的，因为有某种东西阻止我像往常一样情绪爆发，一旦我情绪爆发，这段让我的生活步入正轨的关系就会破灭，后果不堪设想。

　　真实性的石蕊实验是否能区分感觉中的自我和被呈现出来的自我呢？在真实的问题上，加缪苦苦思索良久。《局外人》的主人公默尔索（Meursault）是加缪笔下最著名的人物，他无缘无故地杀了人，但是，他最后被判死刑的很大一部分原因是他没有说出地方法官想要听的话，即他心存歉意。虽然默尔索杀了人，但是，他不会表现出他没有感受到的情绪。加缪在《加缪手记》中写道："人生在世，永远也不该演戏作假。"这条建议写出来很简单，但做起来很难。

　　真实性的石蕊实验是否能区分感觉中的自我和被呈现出来的自我呢？加缪在《加缪手记》中写道："人生在世，永远也不该演戏作假。"

　　当我自称为拳击手作家的时候，有时我指的是自己并不丰富的拳击经历，让我明白自己不只是一名作家，还是拳击手联盟中的一员。一天下午，我和迈克·泰森闲聊许久后一起散步，他对我来了一句："像我们这类人……"我以为自己已经把虚伪的面具摘下来了，或者铁拳泰森让我以为自己已经把虚伪的面具摘下

来了，但我立刻就感受到不真实的拳头正向我挥来。我只是把从别人那里借来的衣服裹紧了些，当时我并没有纠正泰森的话，这让我觉得自己像个拙劣的冒牌货。这里，再重复一次加缪的那句话："人生在世，永远也不该演戏作假。"至少我们这些不太习惯真实的人，应该尽量试着不要演戏作假。

但是，不演戏作假就意味着真实吗？骗子因为知道自己在骗人，所以，他就真实了吗？一个人自认为十分自私，但在别人的眼中她却善良大方，因为自我评价和社会评价不一致，所以她就是一个不真实的人吗？

真实这一主题是贯穿所有存在主义文章的红线，最早可以追溯到浪漫主义作家卢梭。真实并不具备"本质"，只能以其独一无二的特征来定义。一如我们将正方形定义为四条边相等的图形那样。物理学家、哲学家本·雅各比（Ben Yacobi）曾诚挚地说道：

> "真实"的概念由人类构筑而成，因此这一概念不包含人类思维之外的东西。然而，真实是可能的吗？或者，可以被期望吗？……在这样的引导下，我们解释真实的概念时，会把真实看作是绝对的。但总体来说，寻找绝对之物是毫无收获的。

尽管萨特进行了尝试，但他仍不能像分辨桌椅那般清楚准确地区分真诚和真实，而且也没有什么鲜明的准则能够判断我们是否活出了真我。我们努力分析精神生活的方方面面，却并不能准确地判断出自己是否活出了真我。克尔凯郭尔在《爱的作为》中写道："从本质上而言，人类有关精神性的言论大都使用了许多隐喻。"你可以具体描述风是如何吹过树木的，但说不出精神是如何"流动"的。尼采用精彩的比喻说道："真相是一支由隐喻组成的机动部队。"而且，若要粉饰真实，就必须运用大量的比喻。

哲学家和评论家阿多诺（T. W. Adorno）在《真实性术语》（*Jargon of Authenticity*）中抱怨，克尔凯郭尔和黑格尔等哲学大家所说的话虚无缥缈，华而不实。而且，读者们常被这些话蒙骗，他们认为，用花言巧语编织的幻想才是唯一真实的，在花言巧语编织的幻想中讨论的问题才是真实的。

无神论者埋怨宗教教义废话连篇，然而，阿多诺却认为哲学也包含了这样的废话。他轻蔑地称呼那些哲学理论为"祈求亲密关系的祷词"。阿多诺认为，那些对真实（活出真我）晦涩难懂的探讨大都源自人们错误的认知，即我们每一个人都可以通过反省找到个体的本质（类似于人的灵魂）。对此，尼采一定会反驳，"有些事物就摆在人的眼前，其名未可知，以后也不可知，但人类具有一种发现这种事物的能力"，这种能力便是创造性。就真实而言，也是同样的道理。

再说个常见的话题，我们都是处在联系中的个体，我们活在与自我、他人和环境的联系中。我们之中还有一些人相信（或者试图相信），我们活在与上帝的联系中。正因为我们生来就处在联系中，所以与自我联系的方法和与他人联系的方法有真假之分也就不足为奇了。真实的联系意味着敞开心扉、诚实真挚的关系，虚假的联系则意味着不可告人、伪善的关系。

海德格尔受到尼采、克尔凯郭尔和托尔斯泰的启迪，他没有像前人那样把人分为主体和客体。相反，提到人类时，他创造了一个新词"此在"（Dasein），这个词翻译过来就是"此时此刻的存在"。海德格尔认为，一个人的本质就是对存在本身的敞开——一个对存在之意义发问的敞开。没有什么生物会比人类更着迷于"生活的意义是什么"抑或是海德格尔提出的"**为什么有物存在，而虚无不存在**"这类问题。萨特在《存在与虚无》中提到，此在让存在变得虚无，得以当面质问我们自己的存在。

用现象学来解释比坚果壳还要小的此在就是：此在以其独特的能力和与文化、历史的联结将自己投射到存在之中。从宗教的角度来看，海德格尔认为，"沉沦"是"此在"的常态，在"沉沦"状态下的"此在"往往变得健忘，沉溺于细碎琐事。这种状态下，"此在"从群体中获得存在的身份和感受。我在这里描述"此在"时，加了"引号"，正如之前提到的，"此在"是海德格尔为了避免主体和客体的差别而创造的新词。而所谓的"沉沦"可以想象成陷进躺椅里，不停刷剧。这时，我们捧着爆米花，不再烦恼生命的意义等问题，却处于心神恍惚的状态。然后，维持存在的支柱受到某种影响发生震颤，克尔凯郭尔称为"惊觉"（the jolt）。这在海德格尔看来则是对死亡的存在主义意识，是我们最遥远的可能性。这种令人振奋的"惊觉"同时会带来焦虑，仿佛有人抓住我们的手腕，把我们从人群中拽出来。焦虑吞噬着我们，让我们走出"沉沦"。这就好比一位在等候室的母亲，她想要知道女儿是否能挺过心脏手术。实际上，这位母亲并不是一个人待在等候室，她周围还有其他人，他们有的在浏览杂志，有的在念玫瑰经①，即便如此，她还是产生了一种孤立无援、惶惶不安之感。她透过一扇小窗，看着从窗前走过的外科医生，心底明白，尽管这位医生刚刚碰过她女儿的心脏，但他现在也只会想一些其他的事，比如，打电话给妻子，了解他刚上小学的孩子篮球比赛打得如何。

这种令人振奋的"惊觉"同时会带来焦虑，仿佛有人抓住我们的手腕，把我们从人群中拽出来。

这里，又一次提到了焦虑（尤其是死亡引起的焦虑），焦虑

---

① 天主教徒用于敬礼圣母马利亚的祷文。

让我们意识到自己作为个体而存在，让我们想念家中的躺椅，想念那种心神恍惚的感觉。一如克尔凯郭尔、海德格尔、托尔斯泰等存在主义思想家所言，焦虑、贪恋安逸有助于我们形成自我与他人的真实关系。哲学家迈克·马丁（Mike W. Martin）曾写道：

> 尽管没有人真的接触过死亡，但死亡依然十分可怕。一想到死亡，我们就莫明地感到恐惧、焦虑，离真实越来越远，沉浸在日常生活中，享受每一天的幸福……正是认识到了死亡，我们才被迫过上了有条理的生活。

或许，把生活过得有条理与真实多少有点关系。

虽然真实没有一个准确的定义，但与演戏作假相比，有条理的生活更接近于真实。我认识许多这样的人，他们对别人的看法置若罔闻，尽管没有表现得矫揉造作，但我并不认为他们是真实的。变得真实，就是成为你自己。尼采恳请我们："成为你自己。"这就好比海德格尔敦促我们创造自我。尼采、萨特、海德格尔都认为，我们每个人都融合了文化、感受、经验、别人的评价于己身，我们从这锅大杂烩中创造出自我，仿佛我们的生活是一件艺术品。

变得真实，就是成为你自己。

克尔凯郭尔强调，受历史与文化共同影响的自我之中有一处真我的栖身之地。鲍勃·迪伦唱道："你或许会成为驻英大使或驻法大使……但你总是要为人们服务。"对克尔凯郭尔来说，为别人服务的你就是真实的你。最好不要把真实同遗愿清单、实现自我相混淆。也许，你像毕加索一样把潜力发挥得淋漓尽致，即便如此，在克尔凯郭尔看来，你没有活出真我，也没有活出自我，也没有成为自己的上帝。那么，克尔凯郭尔的这番话是对谁说的呢？创世主之所以创造出我这样一个微不足道的老头就是为了让我在努力实现自我和无视自我中做出抉择吗？这种观点我为什么要认同？也许，上帝创造我们的初衷都是一样的：要爱邻如爱己，像撒马利亚人那般善良起来。这样说来，我是否要坚信于此，将之上升为信仰？不论你信不信克尔凯郭尔的这番话，反正克尔凯郭尔认为，对一个人来说，与上帝的关系是第一位的，其他的关系都排在后面。

但是，针对神经上敏感的人，克尔凯郭尔赋予了真实一种新的解读。传统观念认为，知识即正确的、经过检验的思想，克尔凯郭尔则更强调思想，甚少关注真相和检验等问题。对克尔凯郭尔来说，方法和内容一样重要。就词源来说，拉丁语和德语中"真实"一词的概念从本质上来说都有"据为己有"的意思。克尔凯郭尔认为，若要把我们浏览过的思想变成自己的，就要饱含热情地投入其中，通过行动展现出来，而非仅仅只是在脸书上点一个"赞"那么简单。如果心中怀着大爱，你就要时刻准备好做出牺牲，去帮助睡在你家栅栏前的那个无家可归的妇人。

20 世纪 60 年代美国民权运动时期，许多人为种族主义的不公而发声。而"自由乘客"们不仅为不公发声，还身体力行。他们为了申请成为合法选民，坐上大巴车一路向南。他们很清楚自己正奔赴暴力的中心。他们坐的大巴车被炸毁，而他们之中，有人被打得奄奄一息，有人甚至被活活打死。长久以来，杰克逊市、密西西比州等地的警察会加入暴乱，或者会双手叉腰站着，任由一拨又一拨的暴徒对自由乘客们拳打脚踢，棍棒交加。那些登上南行高速船的抗议者大都是美国第一代大学生。为此，他们的父母不得不费尽心思送他们上大学，但是为了加入自由乘车之行，这群十九二十岁的青年有的不参加入学考试，有的辍学，有的向大学申请离校。他们的真实表现在两方面，一方面是他们没有听从父母和整个社会的要求，另一方面则是他们遵照个人的想法行事。

所有存在主义的美德常常要求我们坦诚待己。不论我们是否会真的在获得自我认同后被打脸，真实都要求我们坦诚待己。

有一段时间，我总是喃喃自语："戈登，你每次说起话来，总能让人觉得你是一个乐善好施的人。既然这样，迄今为止你是否为了别人而摒弃了一切？"虽然我想要像对待自己那样仁慈地对待他人，但老实说，我想不起来任何一件为了别人而牺牲自己的事。我不是一名"自由乘客"，也许，这说明我应该思考一下，我所以为的乐善好施很可能是我编造出的个人品德，而我所谓的自我也不如想象得那样贴近内心。所有存在主义的美德常常要求我们坦诚待己。不论我们是否会真的在获得自我认同后被打脸，真实都要求我们坦诚待己。然而，早前人们争论不休，因为数百万的纳粹分子也曾像自由乘客们那样赴汤蹈火，而且数十万的美国人曾为捍卫奴隶制而牺牲。难道真诚之举（即做真实的自己）就是一种自私自恋的理想行为吗？泰勒曾这样写道：

> 如果真实意味着对自己真实，意味着唤醒我们存在本身的情感，一旦我们发现这种情感可以让我们与更广阔的整体建立联系，那么我们就能彻底地活出真我。所以，浪漫主义时期，人们的自我感觉与归属感相互联系，也就不足为奇了。

真实并不意味着品行端正，但是泰勒建议："公共准则让人们丧失了归属感，但强大的内在联系可以弥补这一缺失。"克尔凯郭尔将这种强大的"内在联系"称为"内求性"（inwardness），他曾批评他所处的那个时代遗忘了这种理想状态，或许即便在现代也依然如此。真实性强调自主行动，自行抉择，这样看来，真实似乎是一种自私的自我指涉行为。然而，我们是处在联系中的存在，会与自我以外的事物构建强大的联系，与之相对的就是做自己。克尔凯郭尔认为，建立内在联系的对象应该是上帝，但泰勒认为应该让自我与"政治、环保"建立内在联系。20世纪90年代初，泰勒不仅强调我们所处的世界正在日益分化，他还认为，或许这也是许多现代诗歌所要表达的。

耶稣指着他选召的门徒迦拿（Cana）的拿但业（Nathanael）说："看哪，这是个真以色列人，他心里是没有诡诈的。"一个心无城府的人，他表现出来的样子就是真实的他，或许，这样的人就是一个"真实"的人。不论我们如何定义，真实似乎都不是能够靠努力获得的，当然，我们可以在不演戏作假上下功夫。在和迈克·泰森的交谈中，我不应试图让自己装出和他一样硬汉的模样，我应该拍拍他的肩膀，坦白告诉他，尽管我也有几次不畏强敌，应铃而出，但我和他毕竟不是一个世界的人。这样的坦白能够让我卸去铠甲，接受自己的弱点。

不论我们如何定义，真实似乎都不是能够靠努力获得的，当然，我们可以在不演戏作假上下功夫。

当然，在不"演戏作假"之上，我们还见过真实就是成为真我的说法。甚至诗圣莎士比亚都写过："真实对待自身。"然而这就出现了一个二选一的问题：所谓的真我究竟是我们创造的，还是（用克尔凯郭尔的话来说）一开始就针对自身设定的计划，哪怕具备攻城略地、移动山脉、践行"明尼苏达式友善"的能力，都可能觉察不到？

第五章

信仰

我究竟在面对什么

虽然我并不写感恩日记，但是在黑狗扑向我的喉咙时，我会提醒自己：孩子们现已长大成人，他们身体健康、前途无量、品行端正。我会记下：现在的我既未穷困潦倒，栖身于难民营，也没有生活在阿富汗，踩到爆炸装置。在我努力自我安慰时，心底又有一个声音气势汹汹地说："如果你真要寻找能让你掉眼泪的事，等着就行了。"有时，我会自我折磨，想着自己应该享受当下的美好，可悲伤一旦袭来，美好都不过是梦幻泡影罢了。

一天清晨，深陷于悲伤的我沿着河湾边的铁轨缓慢前行。几米之外，低矮的树枝上站着一只白头鹰。它气势威严，无论谁看到都会吓得喘不过气。但考虑到我当时的情绪，兴许那不过是一只麻雀，或是一个缠在电线上的塑料袋。这就是数月前，某个春末的下午发生的事。那时我刚去学校做了一个私人心理咨询，给我的一个男学生加油打气，鼓励他学会与抑郁症对抗，劝他不要每天都逃课，不要因为缺乏自控力而厌恶自己。不知怎的，后来，我觉得头脑非常混乱，内心非常孤独，需要些东西来熄灭那团令人生寒的火苗。天快黑了，我打算去回家路上的那家酒馆待一会儿。

　　我握着方向盘，驶向窗户上闪着百威淡啤灯牌的圣坛。我突然想到了什么，然后就像着了魔一样，掉转车头驶向了镇上的天主教教堂——圣道明教堂。我非常惊讶，就像自己是被人绑架到了那里似的。我安慰自己，不久就能喝上一杯啤酒。而此时的我却来到了教堂，这让我感到有些紧张。

　　我从小就是天主教徒。虽然我的父母为了坚定我的信仰，每周日都会带我去教堂礼拜，但他们并不是非常虔诚的信徒。或许是受到了祖母的影响，我亲爱的意大利祖母一直跟我们生活在一起，她身边总放着圣像，手上永远都握着玫瑰念珠。她八十年来一直爱织毛衣，这使得她的双手十分柔软。三年级时，我经常早起骑车去参加晨间弥撒，再去上学。数十年过去了，我又回到了这间教堂。不过，现在不是早晨，我也不再是那个骑着车、想着收集棒球比赛卡片的孩子了。如今的我胡子花白，眼前似乎有幽灵在不停地打转。我的灵魂迷失了，信仰也不在了。

　　圣道明教堂的角落里还藏着一间小教堂，你可以在那儿的壁龛里为病人和逝者点上几根蜡烛。这个小教堂是像酒吧一样静谧的乐土，红毯铺地，此外还有一个小讲坛和一扇画着圣母马利亚的浅蓝色玻璃彩窗。除了我之外，恰好那儿一个人也没有。我跌跌撞撞地走向烛台，双腿一软，跪倒在地，想要为我已故多年的亡父点上一支蜡烛。然而，有些难以置信的是，所有的玻璃杯都空空如也，蜡烛早已燃尽，只剩下了一点金属座上的灯芯。我愣了一下，直接低声怒骂道："WTF."事实就是，我连为自己的老父亲点一根蜡烛都做不到，我突然变得疑神疑鬼起来，怀疑这世上只剩下了让人避之不及的黑暗势力四处流窜，什么正义的超能力都是不存在的。在黑暗势力的折磨下，我变成了自己照镜子时都懒得瞥一眼的模样。想想我过往的越轨行为，似乎我也理应受此惩罚。我笑话自己不该在教堂停留，也责怪这注定的懦弱让我"失去了信仰"。

但当我一把推开教堂沉重的玻璃门时，脑海里却浮现出了一个奇怪的问题：我们究竟是失去了信仰还是主动拒绝了信仰？

我实在觉得经过多次残酷捶打后，希望和祈祷带给我的精神力量都被耗尽了。但也可能不是我想的这样：或许丢失信仰和丢失一串钥匙不同；或许在面对一连串无法逃避的苦难时，我之所以束手无策，是因为没有遵从上帝之言。尽管对我来说，"天上"有位人格化的神以及这位万能的神让圣母马利亚诞下他的独生子这些说法荒谬至极，但在这个工作日的晚上，我还是来到了教堂。

但当我一把推开教堂沉重的玻璃门时，脑海里却浮现出了一个奇怪的问题：我们究竟是失去了信仰还是主动拒绝了信仰？

我几次三番试图向天国之门靠近，不断地告诉自己，《圣经》中的那些奇迹需要丰富的想象力去理解，就像某些科学论断一样。比如，黑洞、平行宇宙，或者存在于时空之中但无确凿踪迹的夸克。毫不夸张地说，这些说法对我来说都很奇怪，但这倒也无妨。尽管这样的现象让人百思不得其解，但与童贞女生子、耶稣复活一比，就显得没那么牵强了。毕竟大家都能明白，为什么我会希望拉撒路（Lazarus）①的故事是真的，却对证实夸克的存在没那么热心。更糟糕的是，这些奇怪的科学主张可以接受实证检验，如果需要的话，还可以加以修正，但复活之类的事可就不能这样了。一些哲学家认为，既然没有客观的测试能够确定上帝是否存在，那么我们可以从道德的角度来解决这个问题。美国伟人威廉·詹姆斯（William James）是一位抑郁症患者，他的思想倾向于实用主义。詹姆斯推断，如果想在生活上实现一个巨大飞跃的话，只要你相信自己能做得到，就很可能会成功。换到宏观层面来说，宗教是否在人类历史中起到了积极的道德教化作用？有什么可以参照的对象吗？我没有确切的答案，因为打着神的旗号行恶的人数不胜数。在百般纠结后，我认为：信仰是一股上升的力量，一股模棱两可的力量——毕竟民权运动就是从教堂里兴起的，但总体上说并不是一股善的力量。正如希特勒、斯大林、

---

① 《圣经》中的传说人物，他病危时没等到耶稣的救治就死了，但耶稣一口断定他将复活，四天后拉撒路果然从山洞里走了出来。

波尔布特也都是无神论的信仰者。到头来，道德标准对解决二选一的终极问题并没有多大帮助。

在上学期的哲学史课堂上，我们曾研究过安瑟伦（1033/1034—1109）的本体论。哲学家们将安瑟伦的推论列为归谬法，即先假设当前的命题条件成立，然后证明此条件推导出的结果是矛盾的。在逻辑学上，如果条件推导出的结果是矛盾的，那么条件就肯定是错误的。一开始，安瑟伦就机灵地说："愚人说，在他的心里，上帝并不存在。"然而，即便是愚人也认同，若真有上帝，那么他一定是个伟大得超乎想象的存在。安瑟伦认为，相比而言，认为某物存在于现实中要好过认为它只存在于理想中。所以愚人否认上帝的存在，却没有否认心中的上帝，这是因为从现实意义上讲，上帝并不是一个伟大得超乎想象的存在。总而言之，只要无神论者不能消除对上帝的认识，他们就不能否认上帝的存在。因此，上帝肯定是存在的。

我要求一头雾水的学生们找出这种论证存在的错误，然后，我谈了谈安瑟伦推论中的一处漏洞，接着又提到克尔凯郭尔的那句话，这句话我已烂熟于心了：**信仰若源于理性，则大可不必存在**。我接着给他们挖坑："信仰就是相信一些既看不见又无法证明的东西。若是借助本体论、三段论这样的梯子，你是上不了天堂的。"大多数学生都点了点头，但是有一个机敏的大一新生礼貌地指出了我和克尔凯郭尔的谬误，他掷地有声地追问道："教授，我不明白。为什么造物主赋予人类理性后，又把自己放在理性的范畴之外呢？这说不通呀。"

"教授，我不明白。为什么造物主赋予人类理性后，又把自己放在理性的范畴之外呢？这说不通呀。"

面对这简单坦率的疑问，奥古斯丁（354—430）、托马斯·阿奎那（1225—1274）等一众上帝的辩护者给出了许多复杂的答案。但我得说，那些答案一点儿说服力都没有。上帝赋予我们理性的同时，又暗自隐匿在人们无法认知的地方，这看起来确实荒谬。自然而然，"超越理性"这一说法便被那些相信拥有超能力的救世主正在保护他们的人借用了。我的课堂里就有一位这样的学生，他全身心地崇拜着神明。

他叫卡伦（Karan），19 岁，是个恪守信条的印度教徒。他身材瘦削，皮肤黝黑，额上点着象征第三只眼的赤色眉心痣。他的父亲是一个印度人，在芝加哥开了一家加油站。卡伦很有抱负，想要成为一名宗师（在印度语中叫作 swami），在家人眼中，他就是如灯塔般闪耀着的希望。几乎每天下午，卡伦都会到我的办公室来，不停地问我问题，大都关于哲学观点和上帝（对信奉印度教的他来说，便是印度诸神）之间的关系。他发音纯正，几乎听不出印度口音，天生就对神灵充满了向往。考试总会让他高度紧张，即便是一个小测试，他也会紧张得在考前不停找我复习那些他早已烂熟于心的问题。有一回，我打趣他说："卡伦，你一定要学会如何应对焦虑。要是你打算成为一名宗师的话，人们在焦虑不安、惊慌无措的时候，会向你求助的。"他垂下双眼，十分诚恳地回答道："我会的，教授。我一定要学会应对焦虑。"

我以叙述往事的口吻讲述这个故事，很清楚地说明这是个悲剧：卡伦已经不在了。学期结束前一个月，卡伦因感冒去诊所看病，医生开了一些抗生素给他。他的病情没有好转，能够提供治疗的牧师又给他做了些检查。一个月后，印度教神父为他的尸体涂上了油，撒上了鲜花，准备送去火葬。卡伦怀着满腔热血，精心规划未来，却再无未来可言。面对这一无力扭转的事实，即便他信仰众神，也无法延续残喘的生命。我十分愤怒，心想若上帝真的存在，就不该摘走卡伦这样的花朵，可我又觉得，上帝带走他是完全合情合理的，因为卡伦灵气十足，早已不同于那些肉体凡胎了。参加完卡伦的葬礼，我怀着信念走进停车场，感觉自己也能相信湿婆神、耶稣或拿答（Nada）大帝的存在了。

卡伦的葬礼在六月的一个下午。尽管气氛阴沉，但好在阳光明媚，如果加缪恰巧出现在葬礼上，他肯定会这样劝我："去吧，带着你的悲痛与愤怒，在泥土里打滚吧。但如果你不喜欢这么做，就别再为卡伦死亡的意义或是其他任何事而苦恼了。"加缪认为，我们人类天生就痴迷于在毫无意义的宇宙中追寻意义，他的观点既客观又抒情，十分独特。在加缪看来，人类追寻意义，而世界又毫无意义，两者的矛盾十分荒谬。莎士比亚笔下的麦克白并非一个愚人，他挥舞着拳头，咆哮说："人生就如痴人说梦，充满着喧哗与骚动，却毫无意义。"加缪开出的存在主义药方是：接受我们内心最深层的愿望皆是枉然这一事实，并坚信这一荒谬的领悟。

从古至今，存在主义文学作品的绝妙之处便在于，作家们都会借用生活或小说中某个生动的具体事例，向读者解释抽象的概念。在《西西弗的神话》中，加缪重新诠释了一个古代传说。西西弗是科林斯的国王，死后进入了冥界。西西弗聪明狡猾，惹人喜欢，他与众神争辩，想要回到人间惩罚他那不忠的妻子。众神同意西西弗回到人间，然而，复仇结束后，他却不愿离开"蜿蜒的海湾、明亮的大海和喜悦的大地"。众神大怒，派遣墨丘利把西西弗抓回冥界。西西弗回到冥界后，众神罚他不停地把一块巨石推到山顶，然后再眼睁睁地看着巨石滚回山脚下。在以前的版本中，这位逃亡者在冥界没日没夜地服刑，但加缪笔下的西西弗心生埋怨了吗？加缪写道："清醒造成了他的痛苦，同时也为他赢得了胜利。蔑视能战胜一切命运……我要把西西弗留在山下！人们总会不断为自己寻找负担。但西西弗教导我们，更高的忠诚是在否认诸神的前提下推起岩石。而且他本人也觉得自己是幸福的。"

加缪认为，我们人类天生就痴迷于在毫无意义的宇宙中追寻意义。加缪开出的存在主义药方是：接受我们内心最深层的愿望皆是枉然这一事实，并坚信这一荒谬的领悟。

只有意识到这一荒谬的事实，人们才不会因荒谬而痛苦。加缪传递给我们的真理便是：死囚室中的囚犯们（即我们所有人）应该挣脱烦恼的枷锁，无须再为如何拥有最好的生活而绞尽脑汁。宇宙便是混沌一片，正确的生活方式是不存在的，"和其他人过上一样的好生活"这种想法毫无意义。

尼采是加缪的灵感之源，他曾警示人们：当你凝视深渊时，深渊也在凝视你。而叔本华则是尼采的灵感之源，他曾埋怨说：

　　年轻的时候，我们等待人生之路的开启，就像是坐在戏院里，等待着大幕拉起的孩子那样欢欣雀跃，对即将到来的东西充满期待。幸运的是，我们还不知道会迎来什么。而在那些有见识的成年人看来，这群孩子有时就像无知的少年罪犯，他们所受到的惩罚不是死刑，没错，而是活着，而他们则并不知道这个刑罚意味着什么。

那些急躁冒进的人，还有加缪口中"哲学性自杀"的人难以接受荒诞性的存在。面对如此艰难劳碌的一生，那些象征性地扼杀了自己的人不愿感受到那种荒诞性，他们幻想着超现实的柏拉图理想国，幻想着基督教和犹太教所说的来世，唯有这样，他们才觉得这一生有意义。他们打拼多年，每天努力赚钱，因为失去、悲痛、心碎而伤痕累累。然后刹那间，一切都结束了，与世界分别的时刻来临了。为了什么呢？最近，我去某位朋友的墓地看了看，一时间，那座由死亡组成的小城市就像一片宇宙坍塌的平原，隐隐约约地出现在了我的眼前。人工挖凿的黑洞排列整齐，墓碑像浮标一样飘在黑洞上方。

一群开心的人吹着口哨，蹦蹦跳跳地走进了或窄或狭长的大厅，接着便消失了。维克多·弗兰克是奥斯维辛集中营的幸存者，开创了意义治疗法①。他的人生信条便是尼采的"了解原因便可找到方法"。加缪也是这么认为的。有些人会规劝自己有目标地活着，也有许多人不为实现目标而烦恼，他们往往在和孩子嬉闹、参加百乐餐、剪番茄苗等事情中就能找到充足的理由活下去。加缪认为，在这些心神恍惚、精神涣散的人中，没有谁比克尔凯郭尔更深刻地认识到存在是没有核心的。对此，加缪不赞同

---

① 意义治疗法（logotherapy），是指协助患者从生活中领悟自己生命的意义，借以改变其人生观，进而使其面对现实，积极乐观地活下去，努力追求生命的意义。

地摇了摇头，好像在谴责克尔凯郭尔因为信仰而没能坚定对荒诞性的认识。加缪断定，克尔凯郭尔等一众先知在理智上已经自戕了。因为他们一开始就认定人类生来就是精神失常的，然后，他们在精神上构建了一个调节器，比如对上帝的信仰，从而试图让一切变得井井有条，让生命彰显出一定的意义。

这段文字可以显现出加缪对克尔凯郭尔的认知。在《恐惧与颤栗》中，克尔凯郭尔借虚构人物"沉默的约翰尼斯"之口说道：

> 如果一个人没有永恒的意识，如果潜藏在一切之下的只有狂野不羁的躁动，只有无边无际、不可遏制的空虚，那么，除了绝望，生活还剩下些什么呢？如果情况确实如此，如果没有神圣的纽带将人类联系在一起，如果一代代人像树叶那样生长，像林中的鸟鸣那样此起彼伏，像船只驶过大海，像风吹过沙漠那样，没有思考，不留痕迹；如果永恒的遗忘总是饥渴地窥视它的猎物，并且没有什么力量足以与之抗衡，使人幸免于遗忘——人生将会是多么空虚乏味啊！

加缪认为，这段话解释了什么是哲学性自杀。克尔凯郭尔补充道："但准确地说，情况并不是这样的。"也就是说，因为有上帝照看着我们，所以生活是美好的。

我得忏悔一下，虽然要说的事情同宗教无关。我最想讲的一件事就是，每次我对生死漫不经心的时候，克尔凯郭尔都会拯救我。虽然一百五十多年前他就离开了人世，但他依然是我的一位心理治疗师。在治疗中，他往往会鼓励我更加严肃地看待信仰。抱歉，"更加严肃地看待信仰"听起来就像写论文引用一样，这种表述方式很不正确。克尔凯郭尔重新点燃了我五十五年前骑车参加清晨弥撒的热情，尽管我不知道那是种什么热情。我只是凡人而已，但凡碰到点奇迹发生，就能让我平静下来。然后，我就会忘记我所求的安宁，而且多多少少会觉得那是理所当然的。

虽然一百五十多年前他就离开了人世，但他依然是我的一位心理治疗师。在治疗中，他往往会鼓励我更加严肃地看待信仰。

陀思妥耶夫斯基认为，人是忘恩负义的两足动物。克尔凯郭尔也认同这一点。克尔凯郭尔在《致死的疾病》中详细刻画了我们最可怕的一面。在我们的祈祷得到应验时，我们认为这简直就是个奇迹，过了几天或者几个星期后，我们再回想起这件事，就会耸耸肩："嗨，那一定是巧合。"

还有一个例子可以证明人类忘恩负义的本性：20世纪70年

代初的某个夜晚，一个一米八的大汉从曼哈顿的一栋大楼下弓着背向我冲来，手拿一根路易斯维尔的棒球棍往我头上砸过来。我怎么都想不明白他为什么要这么做。我不是铁臂碎砖的空手道黑带高手，但在棒球棍即将砸到我脑袋的时候，我下意识地用手臂挡了一下，棒球棍断成了两截。那个偷袭我的人被吓得魂飞魄散，拔腿就跑，仿佛超人就要去追他一样。我对自己还能活着站在那里感到吃惊，同时心怀感激地想："天上一定有神在庇护我。"过了几天，再想起这件事时，我渐渐认为，棒球棍被打断的奇迹只不过是一场走运且稀奇罕见的意外罢了。

大多数克尔凯郭尔的丹麦友人都认为他是一个头脑聪明、神经敏感的宗教迷。克尔凯郭尔最严肃的宗教作品大都于 19 世纪 40 年代末至 19 世纪 50 年代初面世，比如《基督教的训练》（*Practice in Christianity*，1850）、《对基督徒的攻击》（*Attack on Christendom*，1854—1855）等著作。时至今日，丹麦人对这些书嗤之以鼻，仿佛这些作品体现着宗教狂热病。不仅丹麦人如此，在众多致力于研究克尔凯郭尔作品的学者中，就算不是大多数，但也有许多学者发挥着自己的聪明才智，试图把克尔凯郭尔的内心感悟从他们自己的精神航行中剥离。即使在这本书中，我也曾试图抵抗他的宗教思想。从某种程度上说，克尔凯郭尔的天才在于，他可以和那么多认为谈论基督既愚蠢又粗俗的现代人或后现代人交谈。这就好像福音派从尼采或马克思那里获得灵感一样。

无疑，克尔凯郭尔本身就是一个正能量的人。他能从各种精神逃避行为中发现我们的问题。然而，对克尔凯郭尔来说，最迫切需要填补的漏洞就是，人们忽视了自己与上帝的联系。如果资深的心理学家是正确的，当然克尔凯郭尔也是其中一员，那么我们在许多事情上都不能公正地说："我相信这个或那个。"我们都是多面的生物，对一件事有这样的看法，换一件事又有另一种看法。虽然我觉得耶稣复活，留下空墓一说十分可笑，但是，每当我在生活的坑洞中瑟瑟发抖，面对险些出车祸、做心脏手术、家人患癌症等情况时，我便不再质疑，而是开始念念有词地祈祷。认同弗洛伊德学说的人也许会笑称："人当然会这样。我们都渴望保护和安慰。"这是起源谬误，按照这样的逻辑，因为我希望一件事情是正确的，那么它就一定是错误的。我对上帝的信仰是因为自身的需要，并不能说明上帝不存在。然而，我对保护的渴望，也并不能证明我需要一个万能的保护者。我这么徘徊不定，似乎对什么都抱有怀疑，但只要涉及信仰，我往前踏下的每一步都有克尔凯郭尔相伴。

克尔凯郭尔小时候有一个外号叫"叉子"（The Fork），因为他总能发现别人的弱点，然后，直戳那个痛处。要是没有克尔凯郭尔，可能那天下午我就会留在教堂里了；也可能每当精神和神经被触动的时候，我都会低声祈祷。克尔凯郭尔庞大的思想大厦的每一层都能以直接或间接的方式联系到上帝。只要恰到好处，嘲讽比驳斥更有效。有时，克尔凯郭尔朝我斜睨一眼，便揭露了我自以为是、毫无生气的现代思维方式，重燃起我生活的动力。克尔凯郭尔认为，活出真我与连续性有关。下面这段，指的就是那些从未想过培养连续性的人，在克尔凯郭尔看来，连续性与成为真正的自己相关联：

> 有这么一个故事：一个赤脚庄稼汉，兜里揣着点钱进了城。买了一双长袜、一双鞋，喝了个酩酊大醉，神志不清地往回走，但没走多久，就躺在马路中央睡着了。一辆马车驶来，车夫朝他大喊，再不让路就轧断他的腿。醉醺醺的农民醒了过来，低头看了看穿着长袜和鞋子的双腿，愣是没认出来，说："来吧，这双腿不是我的。"

克尔凯郭尔的嘲讽功力十足，但还是不足以让我在第一次接触到《圣经》的时候不把它当成一本"有趣"的文学作品。除了灵活运用讽刺之外，最重要的一点就是克尔凯郭尔对信仰的深刻认识。

克尔凯郭尔在《恐惧与颤栗》中解读了《圣经·创世纪》里亚伯拉罕（Abraham）捆以撒（Isaac）献祭的故事。《恐惧与颤栗》出版于 1843 年，主要整理了克尔凯郭尔 30 岁时对信仰"原始特征"的认识。众所周知，亚伯拉罕是"信仰之父"，然而，他却犯下大罪。克尔凯郭尔通过讲述捆以撒献祭的故事（从传统上来说，犹太教中"以撒"便是"捆绑"的意思），明确指出信

仰不是假日与家人惬意的相聚，而会令人爱恨交织。亚伯拉罕听
到一个声音，便以为是上帝下命令让他把儿子以撒送上摩利亚山
（Mount Moriah）献祭。如果上帝的指令并不形成"目的论意义
上的道德中止"，也就是说，如果上帝的命令并不会中止道德的
有效性，那么，克尔凯郭尔认为我们不该再颂扬亚伯拉罕，而应
该称他为"凶手"。《恐惧与颤栗》揭示了宗教不可简化为道德，
因为亚伯拉罕的所作所为是不道德的。"信仰之父"拿刀割断幼
子的喉管并不是要造福集体，而仅仅出于私利，或者用克尔凯郭
尔的话来说："亚伯拉罕是为了上帝和他自己才这么做的。"亚伯
拉罕把自己置于宇宙、集体之上。虽然亚伯拉罕愿意牺牲以撒，
但令人惊异的是，上帝许诺亚伯拉罕的后代会统领万国，因而，
亚伯拉罕确信以撒能回到自己身边，但他是否出于这个原因才决
定下手，便不得而知了。

　　康德也细读了《圣经·创世纪》，他认为，亚伯拉罕当时应
该想过，与其说全能至善的上帝下令他杀子，不如说是自己听到
声音之后贸然行事了。虽然克尔凯郭尔非常敬仰康德，但是，他
在《恐惧与颤栗》中并没有将这位"信仰之父"描写成一个以概
率统计作为行动指南的人。亚伯拉罕和约伯都在接受上帝的考验
后表现出色。读到这里，心思敏锐的人大概会想，基督教的这个
神究竟是多么喜爱施虐，竟会命令一个人杀死自己的儿子，又开
玩笑似的收回成命。

　　亚伯拉罕的"信仰行为"左右矛盾，他一方面愿意放弃这个

世界（以撒），另一方面又期待世界回归。他这个能在"空中转体三周半"的信仰实在是矛盾得不得了。克尔凯郭尔时常指出"如果"（if）一词适用性很广，如果信仰具有合法性，如果我们可以拿空间性来比喻，那么，信仰位于理性之外，或位于理性旁边。因为信仰的行为以及最终的目的是互相矛盾的，所以信仰是不能被理解的。这也就是说，**如果信仰具有合理性，那也是无法用理性的语言来解释的**，不能把信仰理解成一系列劝人为善的故事或一种傻瓜哲学。

尽管许多人对"上帝之类的东西"不屑一顾，但他们依然无法停止对"更为深刻之物"的追求。在这样一群质疑宗教的探索者中，有一些人如同求助牧师那样求助哲学家，认为哲学家有一种独特的能力，能够开启追寻深刻之物的大门。哲学家的行话是："你的论点是什么？"

虽然这么说挺扫兴的，但克尔凯郭尔对信仰并没有什么论点。其实，克尔凯郭尔曾告诫人们，为信仰辩护就是犯下违背信仰的罪，这就好比开出一张辩护状来证明你对另一半的爱。克尔凯郭尔真诚的话语如同秋日里吹进窗棂的清风，令人豁然开朗。克尔凯郭尔从多方面入手，发现了信仰与认识之间的冲突。他很清楚无论是本体论还是其他论点都会玷污信仰，如同给美酒掺水。尽管是老生常谈，但长久以来，人类都会借助神灵来解释无法理解的现象，而如今，科学能对这些现象做出解释。随着科学的进步，人们越来越不需要上帝，仿佛上帝是某种理论。尽管克尔凯郭尔成长在科学大放异彩的时代，但他认为信仰是无法解释的。他没有提供客观理由，而是将人的存在带向了一个不可见的上帝。圣保罗向斯多葛派哲学家传道，讲述耶稣和永生，那些理性的典范们哄堂大笑，觉得保罗喝多了。在克尔凯郭尔看来，斯多葛派哲学家有权嘲笑，因为基督教信仰本来就开罪于理智。

克尔凯郭尔从多方面入手，发现了信仰与认识之间的冲突。他很清楚无论是本体论还是其他论点都会玷污信仰，如同给美酒掺水。

克尔凯郭尔在神学方面的一个里程碑式贡献就是把信仰和犯罪的可能性联系到了一起。还记得吗？耶稣曾央求他遇到的每个人："不要被我冒犯到了。"[①] 当时的耶稣四处流浪，是劳苦大众的一员，他告诉包括牧师在内的所有人，自己是上帝之子——更过分的是，他还能宽恕人们的罪行。耶稣本人就是在侮辱理性。但在克尔凯郭尔看来，通过接近耶稣来放弃这种冒犯（因为耶稣是奉上帝旨意教人如何相亲相爱的圣人），就消除了信仰的必

---

① 语出《路加福音》："凡不因我跌倒的有福了。"这里的"跌倒"有"冒犯"的意思。

要性和可能性。没有冒犯，人便无须信仰，除了知识，什么都不需要了。没有哪一个泛神论者会像克尔凯郭尔那样，将冒犯解读为上帝把我们留在身边的方式，告诉我们尽管上帝与我们同在，我们之间依然有着巨大的差别，这一差别便是有人无罪，有人有罪。

如今，我们崇尚自主。而多年以前，服从是所有美德中必不可少的品质。时代毕竟是变了。如今要是有人对我们做什么事或者成为什么样的人指手画脚，我们肯定会大为光火。克尔凯郭尔在存在主义和自主问题上颇有见地，在《致命的疾病》一书中，他曾断言，没有权威的地方就没有服从，没有服从的地方就无须严肃。克尔凯郭尔生动地描述了权威和服从，但是，这一思想太过前卫，并没有获得追随者们的重视。

克尔凯郭尔在神学方面的一个里程碑式贡献就是把信仰和犯罪的可能性联系到了一起。没有冒犯，人便无须信仰，除了知识，什么都不需要了。

不信宗教的读者一定觉得克尔凯郭尔的想法就是在胡扯，但还有更进一步的。最近，有关自恋的谴责铺天盖地，然而，我们这个时代过分强调自信，因此，哪怕是委婉的批评，我们往往也

不敢提出。关于此事，克尔凯郭尔的观点是：他坚持必须通过启示了解到自己得到了拯救，我们需要在通往大马士革①的路上了解到自己是有罪的。我们需要通过启示了解到我们是罪人意味着什么。我们未必要积极思考，但依克尔凯郭尔所言，我们需要上帝来教导我们，让我们了解自己是多么堕落。信仰是罪的反面，但矛盾的是，我们需要依靠信仰来了解自己是有罪的。

了解自己，且借由外力？克尔凯郭尔或许是想多了，但是，他和陀思妥耶夫斯基都认为，不通过信仰，自我透明便无从实现。而且，对自己真诚以及苏格拉底所宣扬的认识你自己，都要求我们运用恰当的理念来看待生活。如前所述，反观自己内心时，我们审视头脑活动的理念决定了我们会如何梳理内心活动。如果精神动力学是分析内心活动的绝妙法则，那我会将自己内心的龃龉对话解释为权威人士的怒斥；而从神经科学角度来说，这种自残行为可以解释为是我的血清量不足；从马克思哲学角度来说，这种指向自我的怒火表示我对剥削和阶级分化的不满；从克尔凯郭尔的宗教角度来说，对自己残暴或许能解释为傲慢地阻止上帝走入内心，拒绝上帝的宽恕。

然而，自我认识分许多不同层次。我能理解自己不再受过去的经历和神经化学物质的影响而给父亲点蜡烛时心里的沮丧。那

---

① 大马士革在基督教历史上占有重要地位。保罗当年在前往大马士革准备迫害基督教徒的路上遇到了复活的耶稣，受感召后肩负起向外邦人传播福音的使命。

么，谁能给正确认识自我下定义？谁能说出自省的绝佳法则？我给不出这个问题的标准答案。一切都取决于你对自我的预设。

克尔凯郭尔或许是想多了，但是，他和陀思妥耶夫斯基都认为，不通过信仰，自我透明便无从实现。而且，对自己真诚以及苏格拉底所宣扬的认识你自己，都要求我们运用恰当的理念来看待生活。

自休谟开始，哲学家们便认为，自我这个概念本身就是虚妄的。克尔凯郭尔的看法截然相反，他认为自我是负有使命的实体。他说，自我没有一个标准的定义是很正常的，因为自我是总体中的一个部分，"科学无法在不泛泛而谈的情况下定义自我。这便是生命的奇迹，因为每个人都了解他自己，因此每个人都了解科学无法了解的东西"。我们肩负着活出真我的神圣使命，克尔凯郭尔在《致死的疾病》中提到，活出真我就是成为一个真正的人、一个有灵性的人。这里，又要用到"如果"一词，如果克尔凯郭尔所言确凿，那么在努力活出自我以前，我们便能言简意赅地定义自己。这里注意一下，克尔凯郭尔说道："第一要记住，每个人都是独立的个体，而且能逐渐意识到自己是独立的个体。"但是，这出现了一个克尔凯郭尔式笑话：如果你排斥与上帝的关

系，那么，你也会不由自主地排斥真我。

克尔凯郭尔还认为，包括信仰在内的所有事都重在热情和行动。克尔凯郭尔在其名作《最后的、非科学性的附言》中以生动的语言问道：

> 如果有个生活在基督教国家的人，他对上帝的教诲了然于胸，他走进教堂（而且进的是真神的教堂）祈祷，但他的祈祷不真诚；另一个人生活在崇拜偶像的国度，对着偶像祈祷，但他的祈祷无比真诚。那么，哪个地方的人信仰更真诚呢？那个真诚祈祷的人信仰更真诚，尽管他崇拜偶像。至于前者，他以不真诚之心对真神祈祷，与崇拜偶像无异。

克尔凯郭尔还认为，包括信仰在内的所有事都重在热情和行动。

有人为了面子被迫去教堂做礼拜，一会儿心不在焉地念着祷告词，一会儿在那儿寻思周五老板那句似是而非的话究竟是什么意思。他的信仰还不如一个异教徒。而且，那些视教义为科学真理的宗教狂热分子的信仰也还不如异教徒。而严肃的传统宗教人

士往往是这样的：

> 他能对死后去天堂高谈阔论，甚至知道来到神的
> 王座前需要鞠几个躬。他无所不知，就像一个只要给他
> ABC，他便能解数学题的人，但若给他的是 DEF，他就
> 束手无策了。

克尔凯郭尔在《最后的、非科学性的附言》中提到："存在确定性，便不存在信仰。"意思就是说，有确定性便没有危险，而"没有危险，就没有信仰"。

尽管现代对克尔凯郭尔谈得不多，但以个人或存在主义的角度把克尔凯郭尔的想法过于当真是特别危险的。若遵照克尔凯郭尔之言，做一名基督徒就意味着要努力模仿基督，也就是说，我们要照搬基督的生活，不再继续追求现世的幸福和荣誉。克尔凯郭尔坦言（甚至说忏悔也不为过），诗化信仰是一回事，践行信仰又是另一回事。克尔凯郭尔号召我们过上基督徒的生活，泯灭活着的愉悦和刺激。克尔凯郭尔尝试从宗教的角度解读性和情色，他承认，当涉及情欲时：

> 精神确实存在……但精神无法在情欲中表达自己。
> 精神会觉得自己是陌生人。它会对情欲说：亲爱的，我
> 不能在这段关系中成为第三者，所以，我得暂时躲起来。

基督教又一次否定了许多似乎能让生活变得有价值的快乐和欢愉。确实，在尼采对基督教的批判中，有一项便是该宗教滋生了对所有能够带来快乐的事的怀疑。

帕斯卡尔在其著名的"赌注论"中指出，信仰上帝要么带来无限的利益，要么带来有限的损失，因此，信仰便如同赌徒们的筹码。虽然帕斯卡尔没有料到信仰本身会从这种争论中产生，但是，他希望"赌注论"至少能说服人们把表面工作做好，该接圣水就接，该念祷告词就念。作为一个行动主义者，帕斯卡尔认为人们能够机械地实践信仰。克尔凯郭尔尊重帕斯卡尔，而且他被称作"北方帕斯卡尔"，即便如此，他还是不认同帕斯卡尔的推论。

尽管克尔凯郭尔从没有说过"信仰飞跃"（the leap of faith）一词，但"信仰飞跃"还是成了他的代名词。然而，于他而言，信仰的飞跃是极其危险的，一旦飞跃，说不准就会不慎将这仅有的一生搭进去。飞跃得有多高，表示人有多么笃信永生。如今，许多基督徒表示，你不必为了证明自己是基督徒而去相信人死后还有来世。基督教徒（许多是牧师）爱引用圣保罗的话，然而，圣保罗却说过："我们若靠基督，只在今生有指望，就算比众人更可怜。"①

---

① 　语出《新约·哥林多前书》。

　　乌纳穆诺有部中篇小说《殉教者圣曼奴埃尔·布埃诺》，故事主人公叫唐·曼奴埃尔（Don Manuel），是一名牧师，他过着基督般的生活，不辞辛劳地照顾那些追随他的山民。曼奴埃尔不相信此生之外还有希望，他将这个想法深深藏在心中，不让追随者们发现。因为曼奴埃尔确信死亡便是终结，所以他认为自己是一个冒牌货、叛教者。他这么想对吗？

　　相信来世有违理性。《致死的疾病》中提到："基督教认为……死亡绝不是一切的终结。死亡其实只是整个永生中的一件小事。"坚信这一思想需要发挥无限的想象力。基督教认为，冥想课不能教人相信永生，内心平静与否与相信永生无关。"永生"会在你耳边低语，让你"在此世死去"，从而获得重生。难怪斯多葛派在听了圣保罗的那番话后捧腹大笑。或许这种说法的确太过头了，太不可能了，太危险了，然而克尔凯郭尔摇了摇手指，告诉我们反对永生冒的险太大了。

　　再回到那个我在教堂门口想到的问题——究竟我们是被迫失去信仰，还是下意识地（或稀里糊涂地）失去信仰？当然，有数百万人会满不在乎地鄙视信仰，认为信仰一无是处；还有数百万人骄傲地宣称，无论是此刻还是被推进急诊室，他们都不需要上帝。一如克尔凯郭尔研究学者戴维·坎加斯（David Kangas）所言，克尔凯郭尔认为人对上帝的需求与其他需求不同，并非源自缺失。需求上帝体现人类的尽善尽美，信仰上帝好比一件礼物，而需求上帝是信仰上帝的必要条件。尽管这一说法有理有据，但依然无法改变许多人的想法，他们认为理性的人轻信上帝这一假象是可悲的。

愚钝的虔诚信徒渴望信仰，他们的感受和信念时强时弱。数天前，我不得不和一个性情乖戾的人待在一起，这个人让我神经紧绷，寒毛直竖。我真的对上帝祈祷，希望得到灵魂的安宁。那天下午，我竟出乎意料地十分愉快。开车回家的路上，我一直觉得有人进入了我的心里，改变了我的心情。之前几个小时，我很可能因为一连串的怪事变成蒙克的名画《呐喊》中的人物，然而，神奇的是，这些事一下子就过去了。我知道，发现发生在内心的奇迹有多么困难。我们总认为奇迹就是行走在水面上或让盲人重见光明这样的事，可是，让美好的情绪从心底涌出又何尝不是一种奇迹？

信仰的决定性问题是如何把信念和感受联系起来。信仰缺失的我们究竟会对信仰锲而不舍，还是会两手一摊，感叹"感谢上帝，终于摆脱这些迷信了"？然而，在信仰不诚的愚钝之徒（如本书作者）看来，即便你不相信对上帝的信仰，依然可以祷告。陀思妥耶夫斯基教导我们，信仰即信仰的焦虑。而把祷告比作倾听上帝的克尔凯郭尔说过："祷告不会改变上帝，但会改变祷告的人。"

我觉得对于克尔凯郭尔这句话，我们需要谨慎对待。然而，过去几十年，在我游历了克尔凯郭尔的思想丛林之后才领悟到：信仰即信任，相当于你对朋友或爱人的信任。在这样一个知识掌权、不确定性横行的世界中，信任似乎是形容信仰最恰当的词。"存在"关上了门，夹住我们的手指，我们要么忍着痛继续笃信上帝，要么抽回手指，抛弃信仰。但如果我们失去信仰的话，我们绝对是有目的的，是有意为之的。

　　然而，在信仰不诚的愚钝之徒（如本书作者）看来，即便你不相信对上帝的信仰，依然可以祷告。在我游历了克尔凯郭尔的思想丛林之后才领悟到：信仰即信任，相当于你对朋友或爱人的信任。

第六章

道德

善良应该是勇敢的

　　道德的考验时常会毫无预兆地突然出现在我们面前。几天前，朋友发来一封电子邮件，告诉我他早上送女儿去语法学校，停车后，转头看见旁边的车上，一个男人正在掌掴他的儿子。此时，我的那个朋友是否应该上前制止？这种事可没有彩排，你人就在现场，而且必须在那一刻做出决定，你深知自己所做的决定非常重要，因为这个决定关乎你将成为什么样的人，关乎你是谁。

　　我曾经探望一位亲人，多年来，我一直受教于他。我觉得，那次探病经历虽令人伤感，但也没什么特别的。虽然我与他许久没联系了，但我还是很快意识到他的人生已接近尾声。他的生活再无乐趣。他得了严重的心脏病，还有腰椎间盘突出，为此他常常背部痉挛，苦不堪言。由于无法减轻疼痛，他那双灰绿色的眼睛里噙满泪水。病床旁边的架子上放着一排黄色药瓶。其中有一瓶装着强力阿片类镇痛药。傍晚，病房里回荡着他微弱的哀号声，仿佛他早已预见这一晚自己将忍受彻夜的孤寂与病痛。他深深叹气，沉默良久，说道："戈登，把那瓶药递给我。我受不了了。"

我该怎么做？我敬爱他，也清楚他以后还会更加痛苦。更令人痛心的是，一想到绵延不绝的痛苦，我便觉得那无法缓解的病痛不仅会腐蚀人们美好的回忆，还会将之连同内心最柔软的情感一并驱逐。若一个人长期深陷痛苦，毫无喘息机会，他会变得麻木不仁，无视内心的感受。于我而言，这种状态生不如死。所以，要不要给他药呢？护士在四个小时后才会回访他的病床。如果要帮他走出痛苦的监牢，就此解脱，时间还很充裕。我该怎么做呢？

大多数作家致力于让读者生活得更加轻松，然而，克尔凯郭尔却不同，他以约翰内斯·克里马库斯为笔名，致力于让读者生活得更加艰难。或许，这就是道德运作的方式。越是成熟的人越能洞悉更多道德问题，生活也会更加艰难。

存在主义思想家们致力于探索规范思想和行为的标准，他们认为，制定出一套明辨是非的道德准则是合理可行的。然而事实并非如此。我们谈论过的作家中还没有人提出过一套完备的道德理论。在《存在与虚无》结尾，萨特承诺出版一篇存在主义道德续篇。然而，这本巨著出版后，他又活了将近四十年，却未能出版任何有关存在主义道德的书。萨特的终身伴侣波伏娃出版了《模棱两可的伦理学》（*Ethics of Ambiguity*）一书，以兑现萨特的承诺。尽管此书为波伏娃原创，但就连她本人也觉得不尽如人意。加缪是萨特和波伏娃的好友，他称自己处世的道德原则并非源于学术专著，而是源于足球守门员的工作经历。加缪在采访中说："多年来，我阅历无数，我对道德和责任的彻鉴都来自体育运动。"后来，加缪补充道，除了足球场，他还从戏院中熟知了公平正义之理。

但是，没有道德著作和存在主义道德指南，并不代表存在主义思想家在道德方面缺乏真知灼见。我再重申一下，哲学推崇的爱并非爱知识，而是爱智慧，这种智慧能教人如何过上道德的好生活。甚至亚里士多德也强调，他的《尼各马可伦理学》并非给美德下定义，而是教人们如何成为品德高尚的人。诚然，本书所提及的存在主义思想家没能探索出道德理论体系，但是，他们的作品中处处蕴藏道德箴言。这里，我来介绍一下萨特、尼采、克尔凯郭尔、加缪等存在主义思想家们的见解。

我再重申一下，哲学推崇的爱并非爱知识，而是爱智慧，这种智慧能教人如何过上道德的好生活。

萨特在《存在主义是一种人道主义》中回忆了一个年轻人向他征询意见的事。据萨特笔下这个男孩叙述，他的哥哥被纳粹党杀害了，为了替兄报仇，他想加入反法西斯队伍。然而，问题出现了，这个男孩是家里遇害者中唯一的幸存者，他的母亲需要他，于是，他必须在加入反法西斯队伍和承担家庭责任之间做出

选择。亚里士多德说过，人生丰富多彩，变化无穷，因此拿出道德手册照本宣科是万万不能的。对此，萨特表示赞同：

> 谁能帮他做出这个选择呢？基督教信条？不可能。基督教信条会说：要慈爱，要爱你的邻居，去走一条坎坷的路吧，等等。什么样的人才需要他付出兄弟之爱呢？军人还是母亲？做哪一件事才最有意义呢？是为集体奋斗这样的大事？还是帮助某人这样的小事？谁又能提前决断呢？没有人可以做到。也没有一本道德手册能告诉他答案。康德的伦理学指出："绝不可将任何人视为手段，而应将其视为目的。"没错，如果我和母亲一起留下来，那么，母亲在我眼中便是目的，而非手段。然而，正因为这一事实，恐怕我会将身边的军人们视为手段。

人们面对自己的判断错误，常常会恼羞成怒道："我只是跟着感觉走而已。"萨特则一语道破真相，他指出，我们可以彻夜畅谈个人感受，畅谈多么讨厌仇恨，多么热爱正义，但是如果不付诸行动，我们的谈话和言语中的情感都将是虚无的。或者，用萨特的话来说便是："判定某一情感的价值，唯一的方法便是通过行动去证实、定义。"不好意思，说句老生常谈的话，萨特认为，言出而不行，与空谈无异。还有一种常见的方法，即碰到是非难辨的情形，征求一下他人的意见。萨特也传授了这个方法，他观察到，我们寻求建议的对象一定是我们认为能说出我们想要的答案的人。

　　不好意思，说句老生常谈的话，萨特认为，言出而不行，与空谈无异。

　　即便没有既定规则指导行动，我们仍须做出选择。萨特信奉的既不是虚无主义也不是道德相对论，他强调我们要对自己的行为负责。在萨特看来，生而为人，最基本的便是应具备与焦虑、绝望共存的能力——你之所以会焦虑，是因为你是自由的，是有责任感的，而且缺乏道德指引；你之所以会绝望，是因为你的艰苦付出并不能保证会有收获。翻开历史书，多少年来，数百万人为正义而战，最终他们的事业连同肉体，都归于黄土。马丁·路德·金信奉正义，慷慨激昂地为正义发声，然而，萨特却不赞同他那条漫长曲折的正义之路。

　　克尔凯郭尔和萨特都把自由、焦虑和义务联系在一起。焦虑源于自由，源于道德义务方面的选择。这两位思想家都发现，人生来就迫切想要摆脱这份沉重的自由。萨特所提出的"自欺"（bad faith）是其最著名的一个哲学概念，自欺就是以人为客体，否定自由。尽管自欺手段各种各样，但是萨特坚信，自欺本质上就是自我欺瞒的徒劳之举。他在《存在与虚无》中解释道："自欺之人要么隐瞒悲惨真相，要么将快慰的虚假伪装成真相。"自欺与一般谎言的区别如下："实际上，自欺之人是对自我隐瞒了真相。"萨特长篇大论后，一锤定音地总结道："自欺，并非由外向内触及人类真相。一个人不会遭受自欺之苦，也不会染上自欺之病，自欺不是一种情境。但是，意识却会主动自我欺骗。"萨特通晓弗洛伊德理论，将矛头瞄准了精神分析法。他批评精神分析法的思维模式，认为这种思维模式会导致自欺，因为精神分析法诱导我们相信自己的行为并不是自由的，而是受无意识操控的。例如，我可能会告诉自己，我没打算尖酸刻薄地挖苦哥哥，我的冷言冷语是因为我在无意识地表达对父亲的愤怒。或者，我告诉自己，我之所以会对正在闹离婚的朋友很冷漠，是因为我的血清素水平太低。萨特坚信，自我欺瞒的同时，我们也在否定个人自由选择的能力。

最近，我看了一部纪录片，影片讲述了 1966 年得克萨斯大学奥斯汀分校发生的一起惨案。八月的一天，酷暑逼人，前海军神枪手查尔斯·惠特曼（Charles Whitman）爬上得克萨斯大学的一座高塔，站在观景台上，在 96 分钟内向 48 个路人开枪，造成 17 人死亡。在惠特曼大开杀戒之初，他枪击了一名孕妇，并杀了她的丈夫。这名孕妇在众人面前倒下，躺在如烤架般炙热的混凝土上，当时，地面温度高达 37.8 摄氏度。旁观者们一边看着这名孕妇的身体在痛苦绝望地扭动，一边备受煎熬，他们在恐惧和救孕妇的冲动之间徘徊。过了五十年，一名女性回忆道："我很想帮忙，但当时我意识到，自己其实是个胆小鬼。"

萨特坚信，自我欺瞒的同时，我们也在否定个人自由选择的能力。

意识到自己是个胆小鬼？萨特不这么认为。他写道："但是，存在主义思想家提到胆小鬼时，他会这么说——这种情况下，胆小鬼要为自己的怯懦负责。此处的胆小鬼之所以怯懦，不是因为他的心肺、大脑太脆弱，而是由于他通过行为把自己塑造成了一个胆小鬼。"在萨特看来，自认为是胆小鬼就是自欺欺人，把怯懦伪装成与生俱来之物，好像你生来就是金发碧眼一样，这样做的目的是让你自己相信，自己只能做胆小鬼。

对于上面提到的这件事，没有一个人生来就是懦夫或英雄，我们只是选择性地相信自己是其中的一种。但我们可以改变，道德也可以被完全地翻转。《新约》中，彼得（Peter）三次都没有认出耶稣的故事也许无法触动萨特，却深得我心。当读到彼得最后没有认出耶稣时，你也许会觉得彼得可能会选择走上犹大的道路。然而，他重新鼓起勇气，为了主被钉上了十字架，成为教会的磐石。

没有一个人生来就是懦夫或英雄，我们只是选择性地相信自己是其中的一种。但我们可以改变，道德也可以被完全地翻转。

尼采常常认为自己是个不道德的人，但是若不提反基督的话，尼采其实是个热血沸腾的道德家。尼采最广为人知的（或者说最臭名昭著的）便是"上帝死了"这句话。实际上，他是在宣告当今时代不可能有信仰。然而，对尼采来说，不仅仅上帝死了，如今就连道德也成了过去价值观的亡魂。

《论道德的谱系》是尼采最清晰易懂的书。虽然尼采在书中的分析、用词和马克思、弗洛伊德不同，但观点殊途同归。他认为一向被奉为神圣的良心既不源自上帝，也不源自理性。因为良心并非高高在上，所以尼采认为，我们必须用历史的眼光看待各种道德原则。同样，他还提醒我们，"从长远来看"的观点会造成问题，因为我们自身便是我们要检验的这个过程所孕育的。

培养以历史的眼光看待道德，就要从"道德谱系"着手。我们需要明白一些道德概念在过去的数千年如何演变、衰败。尼采是一名研究词源的语言学家，他追溯词意的变化，比如，好（good）、坏（evil）等词。同时，他还强调随着时间的推移，词语会出现与原来相反的意思。但是，有一些词语过时的意思仍然存在，可以引起人们表面的共鸣。例如，现在许多学生随意将"sucks"用作贬义词，我告诉他们，不久之前，或者说，20世纪70年代左右，这个现代常用词的意思与性有关，他们对此深表怀疑。

现在我们认为，善良（goodness）便是捍卫和平、仁慈体贴、公平正义，这很符合尼采的想法。但其实并非如此，尼采曾写道：

> 假如我可以将拉丁文 bonus（善良）引溯到一个更为古老的词 duonus，那我就会将 bonus 解释为"斗士"……是故，bonus 便是引起纷争、挑起争端（duo）之人，就是战士——我们知道了在古罗马是什么构成了一个人的"善良"。德语中的 gut（善良）难道不正是象征着"神圣"，象征着"神圣种族"吗？这不正是印证了哥特（原意为贵族）这个名字很受欢迎吗？

现在，"善良"一词的含义变得十分温和，这一巨大转变源于尼采所说的"奴隶反叛"。要继续讲下去，便得倒向骑士贵族阶级和奴隶阶级并存的时代（虽然没人知道到底是什么时候）。贵族们像维京人那样雷厉风行，野心勃勃，攻城略地，骁勇善战。对于像阿喀琉斯（Achilles）、阿伽门农（Agamemnon）这样的人来说，善良等同于贵族所珍视的品质——自尊、勇敢、开明。这些贵族战士把自己喜欢的东西看作是善良的。对于他们来说，这就是善良。

然而，上层阶级的硬汉之中，还有一个司铎阶级，虽然司铎们没有嗜好刀光剑影的脾性，但他们野心勃勃，渴望尼采口中的"权力意志"（will to power）。精英们不带任何道德评价地视劳工为下等人、"不幸之人"。这些不幸之人不得不拉着巨石建造斗兽场，深受苦难的他们怀恨在心。权欲熏心的司铎利用了这种恨意，将苦难和自我否定［即尼采所说的"禁欲理想"（ascetic ideal）］转化为检验一切美德的试金石。关于这种价值颠覆具体是怎么操作的，尼采说得很含糊，或许司铎在净化仪式上所施的咒语多少有点影响吧。然而，经过奴隶反叛之后，追名逐利会让人担惊受怕。若想为自己谋取些什么，就必须先向自己和他人美化这种东西，将其粉饰成对集体有益。例如，我想读医学院的原因，并不是我想要像医生那样被人尊重、报酬丰厚，而是我特别想要救死扶伤。久而久之，司铎阶级凭借心理柔术，于潜移默化之中将斗士们催眠，让他们透过奴隶、禁欲理想的新视角看待自己。

"登山宝训"[1] 有言："温柔的人有福了，因为他们必承受地

---

[1] 登山宝训（亦作山上宝训）指的是《马太福音》第五章到第七章中由耶稣在山上所说的话，被认为是基督徒言行的准则。

土。"奴隶反叛后,之前所谓的恶劣品性(比如温柔)都被扭转成福佑,这真是不可思议。如果曾经傲慢不是罪,那么如今,怯弱不敢复仇的懦夫就可以以忍辱为傲了;彰显力量和野心、追求荣誉则备受质疑,被诉斥成了罪。

尼采的道德谱系提到,犹太教和基督教是人的怨恨的工具和缩影。尼采认为,亚伯拉罕的信仰和受难故事展现了卑鄙的权力斗争:弱者披上权势的外衣,对他人横加毁誉,施以火刑和永世入地狱的诅咒。尼采在上学的时候,曾被同学们起过"小牧师"的外号,他对《圣经》和教士的著作了如指掌,似乎想要揭露所谓宗教之爱的丑陋嘴脸。尼采质问道:"基督徒们为了上天堂挤得头破血流,那么,天堂的福祉到底有哪些呢?"尼采答道:"虽然我们可以自己猜测,但最好有权威来为我们解答……神学家托马斯·阿奎那说过一番如羔羊般温驯的话:'Beati in regno coelesti,videbunt peonas damnatorum,ut beatitude illis magis complaceat.'翻译过来就是:'为了让圣人更乐于其所享之福祉,从而对上帝有更深的感激,他们会观看有罪之人受罚。'"此处,尼采又提到了德尔图良(Tertullian)[1]。德尔图良对这一丑陋情形也做出了描述,而且,其内容更多、更详细——只有上帝的选民们从心所欲地察觉受罚者的痛苦,天堂才会充满福祉。想要师从

---

[1]　早期基督教著名的神学家、哲学家、护教士。

尼采以受净化的基督徒可能会尽量忠于自我，思考他们并非神圣
的迫切需求，而其需求并非神圣是因为，他们的野心和权欲像蠹
虫一样腐蚀了对信仰的态度。

　　尼采的道德谱系亟须"重估一切价值"（trans-valuation of
values）。哲学协会的各大成员鼓励提出根本性问题，然而，这
些根本性问题仅仅是被装饰过的智力题而已。尼采是一位手拿锤
子的哲学家，"哐"的一下敲出一个令人摸不着头脑的问题：我
们价值观的价值是什么？抑或我们的价值观会增加我们生活的价
值吗？还是让我们变得病恹恹？古代怀疑论者认为，当我们碰到
一个或真或假的问题时，需要一套标准来定夺。令人困惑的问题
出现了：这套准则从何而来？这套准则又是通过什么准则得出来
的呢？就当前这个问题来说，尼采对于价值观的价值的评判又是
基于什么准则呢？

　　尼采认为，从本质上来说，大多数哲学家所构筑的庞大道德
理论都是他们自己的肖像。在前苏格拉底时期，哲学家色诺芬尼
（Xenophanes）[①]提出，如果马有神，那些神都会长得像马。色诺
芬尼常将哲学家视为投影大师，尼采也不例外。亚里士多德是沉
思冥想的化身，所以，他在解释最好的生活时，一定会提到某种
沉思方式。克尔凯郭尔是激情的化身，对他来说，激情毋庸置疑

---

① 　色诺芬尼，古希腊哲学家、诗人、历史学家、社会和宗教评论家。约生活在
　　公元前 6 世纪至公元前 5 世纪之间。

是生活有意义的必备条件。作为一个疾病缠身的人，尼采的理想自我便来自他渴望而不可得的健康与活力。尼采年仅 24 岁便在学术界崭露头角，甚至无须答辩就能被巴塞尔大学聘为教授。然而，由于慢性偏头痛等疾病，没过几年便无奈退休了。尼采离开讲台后四处游走，孜孜不倦地不断寻找阳光明媚的地方，因为阳光能振作他的精神，他最爱去意大利，他在那里能够自由呼吸，一展才情。因此，对尼采来说，"健康"是一个神圣的词，也是他重新评估一切价值的标准。

尼采所说的健康，不仅指消化好、肺活量大、关节灵活。健康的概念远大于身体某个器官运作良好，健康意味着勇敢顽强、开拓创新。健康的人往往出类拔萃，拥有"自由的灵魂"，能创造其自身的价值。拿破仑和歌德就是典范，而且，从耶稣的行事作风来看，他也是这种人。看一看尼采是怎么描述的，他说："这类人居住在自己的太阳系——别人只有到他那儿才能找得到他。"这种人会自我定义，"而不是依赖大气层存在的恒星。他注视内心时，眼神炽热无比，但是环顾外界时，（仅从表情上看）如死一般冰冷。在他骄傲的城堡周围，拍打着愚蠢任性的浊浪，他厌恶地转身离开"。

与大多数名垂不朽的思想家一样，尼采能容忍认知上的偏差。虽然尼采是一个反基督教的无神论者，但是，他承认少数虔信者的智慧，而且也承认奴隶的反叛尽管漏洞百出、荒唐愚昧，却创造了一个内心世界。

那些不愿去冒险和征服的人如今在自己的内心中寻求冒险。尼采将其称为"人类第一次变得有趣"。这群有趣、向内寻求的人创造了登峰造极的艺术作品，比如，陀思妥耶夫斯基的《卡拉马佐夫兄弟》《地下室手记》。尼采十分欣赏后者这部讽刺小说，并受其影响创作了《论道德的谱系》。

然而，经过全面考量，尼采把奴隶反叛和奴隶道德与民主价值观挂上钩。他认为两者让我们踏上了虚无主义的道路，人云亦云地以为非黑即白，要么奉公要么欢愉，要么工作要么玩乐。19世纪末，尼采描述道，人类在堕落中变得疲软无力，他们仿佛是"最后的人"[①]，只渴望"可怜的安逸"——一双拖鞋、一台电视、几部动作片。随着文化日趋大众化、官僚化，就连奉行超理性主义的原女权主义代表 J. S. 穆勒都发出了同样的怨言：

> 英格兰的上层，那些绅士，都在……笨拙地斗争着。
> 麻木不仁……是这个社会的新鲜物：但……这是文明进步的正常结果。

尽管我们常常幻想名垂青史，但克尔凯郭尔认为，在现代，无论是男性还是女性都堕落成了心胸狭隘、自大狂妄的资产阶级

---

① 语出尼采《查拉图斯特拉如是说》。

巴比特^①，他们便是尼采所谓的"最后的人"，而非"超人"。由于奴隶反叛，人们不再希冀创造丰功伟绩，而是蔑视英勇行为。尼采认为，这一倾向抑制了个人的力量和创造力，使其不能成为指引人性和自我认识的方向。尼采坦然接受对其崇尚个人成就与竞争的批评，但对那些不冷不热的合作则嗤之以鼻。尽管如此，我们还是能够从查拉图斯特拉那里学到些东西。

　　我们究竟能从这位戴着眼镜、衣着得体、举止高雅的学者那里学到哪些道德洞见，从而彻底颠覆我们的道德观呢？尼采是一位文思如泉涌的哲学家，常常诗兴大发，因而有时会自相矛盾。但从他的文字中，不难提炼出他想给予我们的道德建议：要勇敢，要创造。

　　如今，很少能听到这样的呼声。更多时候，人们听到这种呼吁会认为是在控诉懦弱。拿一件日常小事来说：我的学生们经常抽噎着跑到办公室找我，因为他们考试只拿了B+，没拿到A。考试时，似乎有一半学生焦虑不安，而少数学生为了控制焦虑假装淡定。去年春天的期末考试正临近诺曼底登陆周年纪念日，考前的那节课上，学生缠着我问考试内容，把我惹火了。最后，我像一个哲学系的巴顿将军那样怒吼道："控制一下自己！"接着，我告诉班上这些十九二十岁的学生，1944年6月，诺曼底登陆前夜，艾森豪威尔将军走出指挥部，向士兵们做了一番沉重的讲

---

① 语出刘易斯（C. S. Lewis）的小说《巴比特》，泛指自满、庸俗、短视、守旧的中产阶级实业家。

话。他不仅提到即将开展的任务有多么重要，而且还强调，他们中有许多人将无法活着回来。"在那里，"我用咄咄逼人的语气说道，"会发生许多可怕的事。"我这番类似中场休息训导的话激励了一部分学生，但其他人则摇着头嗤之以鼻，好像我是个旧时代的遗老，而在我的那个时代，考前焦虑还不是病。

尼采是一位文思如泉涌的哲学家，常常诗兴大发，因而有时会自相矛盾。但从他的文字中，不难提炼出他想给予我们的道德建议：要勇敢，要创造。

尼采通过各种各样的方法强调了与恐惧较量的重要性和紧迫性。毕竟，如果你承受不了打击，承受不了挨打的恐惧，便一点办法都没有了：你将成为道德上的残疾者。尼采鼓励我们不要逃避内心的恐惧，而应去拥抱那些吓得人装病求饶的磨难，因为这些磨难将塑造我们自己。

尽管我不太想再用拳击举例，但仍要提一下，我之所以三十年以来一直在培养拳击手，这出于亚里士多德和尼采给予我的启迪：他们都认为应对恐惧的方式塑造了我们的性格。把生理勇气和道德勇气等同起来是不正确的，所以，如果情急之下我必须选一个搭档的话，我会选那个朝着危险迎面而上的人。

尼采通过各种各样的方法强调了与恐惧较量的重要性和紧迫性。毕竟，如果你承受不了打击，承受不了挨打的恐惧，便一点办法都没有了：你将成为道德上的残疾者。尼采鼓励我们不要逃避内心的恐惧，而应去拥抱那些吓得人装病求饶的磨难，因为这些磨难将塑造我们自己。

所有人，或者说几乎所有人都渴望戴上代表勇气的红臂章。黑格尔是欧洲19世纪最负盛名的哲学家，他能帮我们解释其中的原因。黑格尔在其著名的寓言故事"主人与奴隶"中解释道，只有在道德搏斗中甘愿牺牲，我们才能达到更高层次的自由和自觉。若黑格尔是正确的，那么现代社会下勇士的形象便是甘于牺牲，不像世人那样被死亡的焦虑扼住咽喉。虽然拳击场不是发挥想象力的战场，但是，这种搏击运动可以被合理地理解成黑格尔常说的通过搏击迎接挑战，如此一来，这种搏斗能带来自由，更有助于实现自我。

现在，年轻人和特权阶层与忧虑搏斗的机会很少，或许他们该学学拳击。正规的拳击馆经常安排运动员参加处理恐惧的训练。我有一套尼采式训练法，我将其称为"勇气操练"。想要成为一名拳击手，最难掌握的一项技能便是不要出圈，即待在对手

的击打范围之内。拳击台上，你的对手向你挥出重拳，你会本能
地后撤，但是，这不仅会让对方挥出的那拳打实，而且还会让你
由于太远无法还击。在这样的练习中，我会要求一名拳手连续出
拳，另一名拳手防守，我则站在防守方的背后阻止他退出击打
范围。若他后退，我便会当即斥责："上啊，勇敢点儿！"如果
防守的拳手是我的哲学系学生，我甚至会挖苦他，像尼采那样喊
道："上啊，去生活在危险中！"①

　　大多数哲学家要求我们向本能宣战。比如，苏格拉底为了摆
脱肉体和肉欲的枷锁，似乎迫不及待地想要死去。而对康德来
说，道德价值就是要推翻本能。还有，叔本华认为活着的目的应
该是抛弃活着的意愿。尼采却恰恰相反，他试图让我们凭借本能
凝聚在一起，不论本能被指责得多么卑鄙不堪。尼采曾抱怨，基
督教、守旧道德家以及苦行理念引导我们怀疑任何一件令人心花
怒放的事（即尼采所说的"酒神精神"）。虽然这些话会令人脊背
发凉，但尼采坚称，从欣赏别人的痛苦中，我们能收获纯粹的快
乐，这样我们才会更加健康。很难理解吗？应该没那么难懂。

　　许多人一辈子多数时候都盯着屏幕不放，血腥的电影看过几
千部。好莱坞电影的惯用伎俩便是利用道德掩盖杀人行为，比如
一个本身就是连环杀手的主角杀死邪恶的连环杀手，却不用受到

---

① 　语出尼采《快乐的知识》。

法律的制裁。我们在高清屏幕上欣赏到的那些残暴故事都泛着正义的光辉。如果你想把人炸死，那一定是为了造福人类。不仅如此，欣赏完血腥的好莱坞电影后，我们还会搓着双手告诉自己，暴力和无谓的苦难最可怕了。

在《论道德的谱系》一书的开篇，尼采希望自己通过该书培养的研究者能够"知道如何约束心灵和苦难，训练自己为真理牺牲所有欲望"。他在书的末尾写道："**要为任何一种真理牺牲欲望，哪怕是朴素的、辛辣的、丑陋的、令人不快的、非基督教的、非道德的真理，因为这些真理确实存在着。**"尽管事实有许多，但尼采认为其中一个有关历史的事实令人费解："并不是很久以前，王公贵族的婚礼和盛大的庆典就离不开斩首、刑罚、火刑了。"尼采认为，文明作为可以被预知的人类"驯化"过程，建立在一片血海之上。比如，莎士比亚的《威尼斯商人》就展现了这样一个时期：坏账和违约可以通过对有罪那一方施加肉体折磨从而取悦受害方来抵消。尼采想要把被我们锁在地下室的那一部分自我归还给我们。他教导我们要坦诚面对真正吸引我们的东西，而不是我们自以为会喜欢的东西。

尼采对怀疑、忌妒、伪装起来的愤怒等恶毒情绪有着敏锐的观察，而我能够深深地理解尼采为什么会这样。某一天，有个平常能有数百万听众的电台邀请我录制一次访谈。数周、数月过去了，我的这段采访一直没有播。我去问到底是什么情况，最后，制作人发邮件给我，告诉我由于这段采访内容不够连贯，所以没有在节目上播。我进行了投诉，后来她的下属通知我，如果在电台节目上播放我的采访，可能会有损我的声誉。尽管我表面上不动声色，但内心自然很不好受，无法原谅他们如此不把我当一回事。这件事发生在三年前，直到现在，每当我睡不着，我都会幻想着如何回以报复。凡人啊，终究是凡人，而尼采神父一定会理解我一雪前耻的决心的。

如今，涌现出一堆"原谅"专家，他们的核心思想便是我们要原谅自己，说得好像我有权原谅自己对别人造成的伤害一样。我宁可扮演第三方，原谅那个抢劫我朋友的坏人。尼采并不会让人原谅自己，他的方法更为激进：健康的意识需要遗忘。用尼采的话说便是，你不必拥有原谅的能力，你应拥有忘记自己和别人所犯下之错误的能力。《论道德的谱系》第一册第一篇文章第十小节的末尾这样写道：

> 具有坚强完美天性之人的标志是根本不会长期把自己的敌人、不幸、失误看得很严重，因为他们有丰富的塑造力、修复力、治愈力，还有一种忘却力（现代有一个很好的例子，他就是米拉波[①]，他记不住任何人对他的侮辱和诋毁，他不能去原谅别人，只是因为他把一切全

[①] 米拉波（Mirabeau），法国政治家，曾任法国国民议会议长，多次被监禁。

忘记了）。这种人只需耸一耸肩，便会抖落许多啃噬他的寄生虫，只有在这种情况下，"爱敌人"才是可能的——假设这个世上真有人会"爱敌人"。

大多数哲学家赞扬高超记忆，鄙斥健忘，然而，尼采却另辟蹊径。健忘是健康灵魂必要的消化方式。我们不应成为一个道德上的集邮爱好者，而是应该变得足够强大，敢于放手。

克尔凯郭尔和尼采两个人的思想既有共同之处，又存在差异。单就个人和心理学而言，两个人都有给人造成持续超高强度智力刺激的能力，足以令人发狂。他们二者最大的区别在于：克尔凯郭尔的生活和作品侧重于信仰，总是表示自己正在努力成为一名基督徒。他应该会同意尼采的说法：所谓对上帝的信仰并非出于理性，唯有荒诞的力量才能让人相信上帝。克尔凯郭尔和尼采都拥有自由的灵魂，他们都认为资本主义社会中投机取巧、永不停歇、狭隘的实用主义现象丑恶不堪。

用尼采的话说便是，你不必拥有原谅的能力，你应拥有忘记自己和别人所犯下之错误的能力。

在尼采陷入十年疯狂的几年之前，丹麦文学评论家勃兰兑斯

（Georg Brandes）①把克尔凯郭尔的作品介绍给尼采。尽管尼采吸收了多少克尔凯郭尔的思想我们不得而知，但哲学家托马斯·迈尔斯（Thomas Miles）有力地指出尼采不仅读过克尔凯郭尔的《对基督徒的攻击》，而且还深受其影响。至少他们两个人都推崇忠实自我、勇敢、热情。

虽然尼采和克尔凯郭尔有诸多相同之处，但尼采肯定觉得克尔凯郭尔中了奴隶反叛的毒。根据尼采的说法，"怨愤之人"是奴隶反叛的最终产物，这种人的"灵魂总是斜眼看人，喜欢躲躲藏藏，喜欢寻觅小道和捷径，把所有暗地里诱惑他的东西当成自己的世界"。而克尔凯郭尔的作品却常常常指引我们搜遍内心各个角落，如此一来，他便是个灵魂的斜视者。举一个大家耳熟能详的例子，还记得克尔凯郭尔说过快乐是绝望隐匿的佳境吗？看到这样的话，尼采定会捧腹大笑，或许还会恶心干呕，他会觉得我们感到快乐和安逸的时候，何必还要多想呢。

克尔凯郭尔还是尼采所憎恶的"禁欲理想"的传道者，禁欲理想主张"纯净的心灵只想着一件事"，即依从上帝的意志。这种理想主张只要心中自然生成（哪怕通过某种程度上的互惠行为）为自己谋利的想法，那心灵便不再统一，变得低贱了。克尔凯郭尔无数次提醒我们，若想要成为自己（即上帝的孩子），就

---

① 著有《十九世纪文学主流》（共六册）。

必须"死于现世"，这一古老的说辞估计会让尼采偏头痛发作。

　　克尔凯郭尔的道德伦理观与他对信仰的长期思考有关。思考一件事是否符合道德，常常要考虑这件事是否出于信仰。无论如何，在道德生活方面，克尔凯郭尔仍能提出发人深省的思想。毕竟，克尔凯郭尔创造了诸多奠基之作，其中大都是道德自救的书。

　　我们之前讨论过相关话题，克尔凯郭尔认为有关对错的知识人人都有，但提高道德水平和掌握更多知识或提高分析能力无关。不然，文盲和穷人就都是道德水平低下的人了——这也会推导出世界是缺乏公平、道德沦丧的。克尔凯郭尔并不认为给人宗教道德方面的指导是在传授知识，他反复思考这一行为的意义，以及如何才能与人交流有用的真理，教人如何生活的真理。传授道德并非传承知识，相反，宗教道德的交流主要在于增进人和他的想法之间的关系。提及曼德拉和迪特里希·朋霍费尔[①]等道德模范，我们不应觉得他们在道德方面天赋异禀。对此，克尔凯郭尔和萨特的观点是一致的。他们认为，人类的道德水平与运动能力不同。世上不存在什么道德天才，我们应该努力效仿那些道德模范，而非仅仅只是被动地崇拜他们。

[①]　德国信义宗牧师、神学家，曾经参加德国反对纳粹主义的抵抗运动。因同伴计划刺杀希特勒失败，朋霍费尔在1943年4月被捕，并于德国投降前一个月被绞死。代表作《狱中书简》。

克尔凯郭尔还创作了许多有关励志、宗教和道德自救的著作。在他看来，励志的意义多少在于能够鼓励人们不要把自己当成一个客体，而是教导人们思考想要成为什么样的人。学生们总是不停地问我有关就业和毕业规划的问题，我十分理解他们的心情，但甚少有人花时间和精力去思考想要成为什么样的人。

人类的道德水平与运动能力不同。世上不存在什么道德天才，我们应该努力效仿那些道德模范，而非仅仅只是被动地崇拜他们。

克尔凯郭尔在研究初期提出了许多关于间接沟通的设想。或许是因为他发现了直接沟通与间接沟通之间存在的矛盾，但他从未就此表过态或者发表过文章。克尔凯郭尔把他的设想写在笔记本上，留给后人思考。他在笔记中断言，培养道德水平更应从自我出发推出真理，而非向人灌输真理。

也许，科学知识可以被灌输进一个人的体内，然而如果讨论的是审美能力（没有客体）以及更甚者——道德能力（严格来讲也不存在客体）的话，只有由内而外将其塑造出来。一名下士觉得一个农家男孩拥有成为士

兵的潜力，因此他说：我一定要把他体内的士兵潜质捶
打出来。

克尔凯郭尔的这套"捶打"建议提到，人们可以通过互助避
免自欺。在《致死的疾病》中，克尔凯郭尔认为绝望是自我的失
衡。在其中一篇章节中，他根据人们在做自己这件事上不同的认
知程度解释了什么是绝望。最后，他在该书第二部分的开头，言
简意赅地下了定义，"绝望是罪"。接着，他追问道：罪是什么？

**在克尔凯郭尔看来，励志的意义多少在于能够鼓励
人们不要把自己当成一个客体，而是教导人们思考想要
成为什么样的人。**

克尔凯郭尔敬爱的苏格拉底认为无知是罪，然而，若这无知
情有可原，我们便不应遭受谴责。比如，你在派对上递给我一杯
酒，却不知酒中下了砒霜，在这种情况下，不能怪你，因为你毫
不知情。可是，如果我们因为不了解自我而深受其害，甚至连累
他人，这就另当别论了。克尔凯郭尔常要求我们从理论和实践两
方面获得认识。克尔凯郭尔一边写一边轻笑道：

着实有趣的是，一位演讲者以真诚的语调和姿态深深打动着人们，扣人心弦地描述着真理，似乎他能勇敢直面一切邪恶与恐怖，他的一言一行体现出冷静和自信……而更有趣的是，几乎就在同时……他碰到一点儿麻烦事，就立马停止演讲，胆小如鼠地逃走了。

接着这一段的下面几页，有一个段落写得十分出彩，我把整段内容都摘录下来了。下面，克尔凯郭尔生动描写了道德水平提升的过程。

在精神生活中，持续的静止不存在……所以，如果一个人在他知道什么是对的那一瞬间不去做这对的事情，那么这一认知便会慢慢消退。下面的问题就是意志如何对待认知。意志是辩证的，其下是人类较低级的本性，如果意志与认知不合，那么它不会马上去和认知正面冲突（推究起来，这种正面冲突极为罕见），反倒会延迟一段时间，并在这段间隙中说道："我们明天再来看它吧。"通过这段间隔，认知变得愈加模糊，而较低级的本性愈加占据上风。善事必须马上去做，所谓"闻善必行"……但较低级的人性之力会倾向于把事情拖长。逐渐地，意志也便不再反对这种进展了，后来甚至几乎与之共谋了。当这善的认知被充分地模糊化，认知与意志便更好地相互理解了，最终达到完全的一致，因为这时的认知已经改换立场，站到了意志那边，并承认意志所要的是绝对正确的。

接着，克尔凯郭尔调整了下呼吸，做出如下总结：

这或许是大多数人的生活方式——他们逐渐偏离对伦理和宗教的认识，而这些认识如果没有被遮蔽的话，他们就会被引向较低级人性所不喜的决定和结论上去。但是，他们拓宽了自己的美学和形而上学的认识，然而从伦理角度来看，这是一种偏离。

这篇文章引来不少批评，因为它好像暗示我们在做道德抉择时应该跟着感觉走。然而，克尔凯郭尔再三强调，道德抉择并非意气用事。一旦知道做什么事是对的，就要立刻行动。这一"知道"的过程可能需要（也可能不需要）思考。

想象一下人们做出道德抉择后随之而来的痛苦。作为一名警察，或许你目睹了搭档和朋友虐待嫌犯。若你举报了这位受人尊敬和追捧的同事，那用不了多久，你就一定会在单位里遭受排挤。你的上司从你身边经过，跟你打招呼时，你当下会思考是否要向他汇报这件事，但随即想到自己要养家糊口。另外，就算你说了，也不一定会有用。这时，你可能想到 2017 年的一桩新闻——巴尔的摩一名警察要起诉他所在的警察署，却在开庭前一天意外中枪身亡。这是巧合吗？那些身着蓝色制服的警察抱团在一起了。你决定不要当即就做出重要决定，于是，你自言自语道："睡一觉再做决定好了。"克尔凯郭尔在文章中强调，宗教和道德方面的拖延存在诸多危害：**我们越是在行动和自我之间犹豫不决，就越觉得做好正确的事很容易。**

要解释清楚克尔凯郭尔的这句话，我无须编造什么故事。只需回忆一下就够了。数年前，我参加教练员资格考试。考场上，所有人都在互瞄答卷，整场考试他们都在交头接耳，嬉笑打趣，就连身为教练的监考官也不例外。我猜想，我们这些人都自以为是经验老到的教练，而且，这场考试毫无用处。大多数情况下，这么说没错。但是，我们在训练运动员时，总是要求他们做一个正直诚实的人。有那么一瞬间，我想阻止考试作弊。道德上进退两难的情况似乎时隐时现。因为我离不开集体，所以，阻止考试作弊对我而言没什么好处。尽管这件事无关生死，但是最近我加入了教练团，所以我不想站起来对这些拳击场上的老手们进行道德教育。反而，我会自我安慰，告诉自己，我和同事们都是兢兢业业、经验丰富的教练，我们非常乐意帮助年轻人活出精彩，他们中许多人正身陷囹圄。于是，我保持缄默，和同事互传答案，嬉笑打趣，试图忘记我做不到的事，尽管我不该这么做。

从道德层面来说，我们常倾向于走阻碍较少的路，而且还自以为这条路是正确的。在不断强调自主性的同时，我们的道德认知也在一点点消失。克尔凯郭尔认为，由于辩证性（即动态变化），我们这些上了年纪的人对待年轻人时带有优越感，总是思考或者嘀咕着："你们太理想主义了，有你们学的了。"学什么呢？学怎么保持缄默吗？学习完生活的全部内涵后，你的道德之心会逐渐暗淡，渐渐告诉自己如果说真话便会让你遭人冷落，无法升职。这种追名逐利的心态源于成功后的安逸和归属感，而这种心态会让我们在需要做出牺牲时选择另外一条路。

从道德层面来说，我们常倾向于走阻碍较少的路，而且还自以为这条路是正确的。

我对此深有体会。

20 世纪 80 年代，我要去丹麦学习丹麦语，完成克尔凯郭尔的专题论文。我申请了福布莱特奖学金（Fulbright）[①]，最后很庆幸自己能够入选。当时，中美洲的尼加拉瓜共和国发生了内战，交战双方是美国政府资助的反抗军和桑地诺民族解放阵线（Sandinistas）。我有一位密友是尼加拉瓜的护士，她向我透露反抗军正在屠杀医

---

① 　一项由美国政府资助的国际教育交流计划。

生和医护人员，因为他们不希望桑地诺民族解放阵线赢得农民的支持。美国政府用征税拿到的钱去支持那些屠杀者，对此我内心十分不安。于是，我决定不纳税，或者说，我以坚决不纳税的方式表示抗议。一天下午，有位阅历丰富的朋友提点了我几句，他说，福布莱特奖学金是由美国国务院资助的，而美国政府正在打压拒绝纳税的行为，所以，我最好慎重考虑一下不纳税的抗议方式。对此，我思考再三。后来，我甚至和一名精神分析师讨论这个问题，他以轻松的口吻安慰我说，作为一个博士生，像这样单枪匹马力挽狂澜太不切实际。又过了一段时间，我不再想这个问题，反复告诉自己，等拿到博士学位我才能有更大的影响力。我填了支票，缴了税费，跑去丹麦了。按理来说，我本可以做得更好，但或许由于不必承担什么后果，反悔来得如此轻易。

这里，我要不厌其烦地再次提到，"自我是一种自身与自身发生关联的关系"。而不同的自我之间是相互联系的，比如，此刻的自我和永恒的自我。从过去和将来看待自我，我们会备感压力。如果逝去的时光是美好的，也就不存在什么问题了，但是，如果过去犯下了一些大错，无法解释这些错误的话，人们便会不再相信自我。如何解释这些错误，也是一个塑造自我的挑战。

有些思想家认为，后悔是一种富有人情味的情感。20世纪的道德哲学家伯纳德·威廉姆斯（Bernard Williams）认为，许多例子足以证明，若一个人伤害了他人（比如，卡车女司机撞死了一个小孩），即便这是意外的，我们也仍希望她心生悔意，而且希望她比任何一个旁观者都能意识到事情的严重性。威廉姆斯写道，"其他人"将会努力安慰她，而且一定要认为安慰是他们必须做的事。事实上，有些人会怀疑，这样太便宜了那个司机，因为她很快就被转移到了需要被安慰的情境里。

一般情况下，人们认为，如果我们当下能有所作为的话，为无法挽回的往事而后悔是在浪费时间。

据斯宾诺莎推断，后悔和忏悔就像毒酒一样影响我们的认知：因为鲁莽轻率，我们违规逾矩，为此狂敲自己的脑袋。斯宾诺莎认为，后悔主要是为了我们不再意气用事，为了我们能够理性行事。尼采对此表示认同，他说，后悔就是"不断犯傻"的行为。

世界上有很多令人后悔的事，比如，失态失言、事业陷入低谷。我的一位叔叔接连跌入低谷，直至后来离世。此前，我曾问他是否心存遗憾。他眉头紧锁，深吸一口气，仿佛接下来要说出什么苦难似的：他坦言，令他备感遗憾的一件事便是以极低的价格卖出了一处房产。这算是后悔吗？

去年，在佛罗里达州，我坐在甲板上，身边池子里有一位和蔼可亲的退役老兵在游泳，他时而探出水面，时而潜入水下。我们攀谈了起来，一开始我们聊到了他的家乡匹兹堡，还有出生于布里奇市（City of Bridges）的优秀运动员。接着我们的话题不知不觉转到了越南以及他在越南服兵役的事。因为我当时没去参军，没经历过丛林中的生死考验，所以我尴尬地在一旁听他讲。起初，他讲了去越南时的惊险故事，但接下来，他的思绪游向了更加幽暗的流域。他一边在水下摆动着手臂，一边回忆道："有一回，我拿到工资后就去赌博了，和一个14岁的越南小孩打扑克。他是一个好孩子。那时，他正在学英语——他想要闯出一番事业来！他回回都赢，最后赢走了我全部的工资。当时，我喝大了，举起M16突击步枪指着他，命令他把钱还回来。后来，他把钱全还给了我。"对此，我只能报以微笑，对他说我也常常因为喝酒而出丑（尽管事实并非如此）。我好像没有搞明白他的意思，他接着说："几十年来，我滴酒不沾。跟你说，我愿意放弃一切，去见一见那个现在已长大成人的孩子。"说到这里，他动情地哽咽了："我会跪到他面前，祈求他原谅我。我会告诉他，我希望他过上好日子，我对不起他。"这个豁达开朗的老兵现在是一名会计，继续跟我讲述他"在那儿"做了哪些更过分的事。我低着头，觉得自己或许要向他道歉，因为当时我故意推迟服役，为的就是躲开摧毁了他的天真的残酷战争。

没过多久，我发现自己无法入眠，又回想起自己做过的另一件胆小自私的事。记忆犹如梦魇一般爬上床，压在我的胸上，似乎在说："哦，道德导师，那件事都做过了，你还有什么资格说自己有道德呢？"

道德遗憾通常深藏于个人的记忆中，即便那些假装的悔意汹涌，我们仍要说服自己尽量遗忘。我经常在和男性友人说笑时提起大学橄榄球赛季前我和教练在训练场上干架的事，这件事之后，我成绩平平的橄榄球生涯就此结束了。对此，我深感懊悔。

但是，每次说起这件事时，我都会咯咯轻笑，仿佛在炫耀："我年轻的时候可是无法无天的呢。"

弗洛伊德和克尔凯郭尔教育我们要重视人在表达思想时的心情，只有这样我们才能明白自己的思想有何意义。越南老兵脑海中浮现的记忆不是在炫耀过去，而是像沙滩排球那样在传递悲伤。我认为，与其决定让过去的事情就这么过去，不再回忆，倒不如去反省自己，为自己所做的事感到惭愧。

我在探讨信仰的那章提到，克尔凯郭尔认为，祈祷无法改变上帝，但是，祈祷会改变祈祷者，使其变成更好的人。遗憾也是这样的。虽然我无法从头来过，改变不了过去的所作所为，但是，也许我可以通过后悔来改变自己。梭罗建议："不要让多次的遗憾抑制了悲伤，你要珍视悲伤，直到悲伤完全化作一股独特的力量。后悔越彻底，就意味着人在重生。"

所谓重生，即在道德上获得新生。

我在探讨信仰的那章提到，克尔凯郭尔认为，祈祷无法改变上帝，但是，祈祷会改变祈祷者，使其变成更好的人。遗憾也是这样的。虽然我无法从头来过，改变不了过去的所作所为，但是，也许我可以通过后悔来改变自己。

　　当然，这三位存在主义思想家在道德提升方面各有其独特见解。萨特敦促我们要认识到，正是由于过度的自由，我们才变得焦虑，而且，我们常常通过否定自由去逃离自欺的焦虑。尼采呼唤我们去认识自己的道德价值观并非神圣之物，也非来自上帝。我们若邀请尼采来演讲，他定会建议我们不要再折磨自己和他人，而是应该学着放下曾经犯下的错误，关注那些能让道德认知渐渐提升的情绪和力量。最后，克尔凯郭尔提出，成为一个正直之人的最大阻碍就在于，我们会蒙蔽自己，会在需要牺牲幸福和安乐时劝自己不要做正确的事。

第七章

爱

曾经有一份真挚的爱情

　　几年前，我的一位挚友遭遇丧妻之痛。他俩的婚姻长年硝烟不断，有一段时间，他的妻子因为某些事大为光火，几乎不和他说话。后来，他的妻子得了癌症，查出来时已经是晚期了。原本活力十足的她变得萎靡不振、痛苦不堪，深陷于巨大的沮丧中。化疗期间，我的朋友尽心尽责，对妻子关怀备至，用勺子喂她吃饭，帮她洗澡。我的朋友特别会安慰人，他劝妻子不要放弃。多亏了实验性治疗，癌症得到了控制，但是，没过几年又复发了。最后，他的妻子染上了肺炎，在生命结束前几天里处于半昏迷状态。朋友一直陪在病床边，最后不得不让医生停止抢救。

　　我当时正好手头有急事，没能去加利福尼亚参加葬礼。我打电话给这位有着四十年交情的老朋友，问他心情怎样。他叹了口气，犹豫片刻，说了一句掷地有声、给我留下深刻印象的话："她了解我……她爱我。"他说的并不是"她了解我……却依然爱我"。没错，他说的就是"她了解我，她爱我"。

　　如何给予、发现、接受爱呢？针对这三个存在主义问题，克尔凯郭尔和陀思妥耶夫斯基会给出什么样的答案呢？

　　当然，我们把男女之情、朋友之情、家人之情等不同的感情都统称为"爱"。希腊人则区别看待：eros（情欲之爱）、agape（无私奉献），以及 philos（兄弟朋友之爱）。对于克尔凯郭尔来说，爱（而非对爱的掌控）对于成为一名基督徒来说至关重要。毫无疑问，研究耶稣对爱的定义的著作多得可以铺满美国购物中心的一层楼！那些在美国购物中心行色匆匆购物的人，他们，以及我们，会怎么看待爱呢？那些粗制滥造的搞笑爱情片为我们解释了什么是爱吗？抑或者，Tinder 之类把寻找终身伴侣搞得像买私家车一样的婚恋网站解释什么是爱了吗？这些网站没准还会搞一些像新车贴纸一样的东西——这位寂寞的先生／女士颜值、智商都很高，为人友善，喜欢滑雪，想要小孩。你们还可以试着约会（试驾）几次，然后……谁知道然后会发生什么。这有什么问题吗？我不知道。可能没有吧。

　　如何给予、发现、接受爱呢？针对这三个存在主义问题，克尔凯郭尔和陀思妥耶夫斯基会给出什么样的答案呢？

　　存在主义哲学并不对爱抱有天真幻想。这些不屑且厌恶世俗的人中，有些人直接否定我们能够从自我中走出去爱别人。虽然

马丁·路德和萨特、加缪的思想不同，但是他认为，人生来就会"扭曲自己的内心"，因此，我们很难挣脱自爱的枷锁。对路德来说，这种向内的、自私的自爱存在于我们生来负罪的黑暗内心。如今，我们不再讨论内心扭曲，而会讨论自恋的病症，这种病的症状便是自拍和在社交网站上自我推销。

再来说说其他存在主义哲学家。纳粹统治时期，萨特创作了名为《禁闭》（*No Exit*）的戏剧，剧中加尔桑（Garcin）、伊内兹（Inèz）、埃丝特勒（Estelle）三人在一名神秘侍者的护送下进入了一间陈设简陋的房间，室内装潢是法兰西第二帝国风格。他们很快就意识到自己已经死了，下了地狱。他们很吃惊，地狱里居然没有钳子和鞭子，不过有一个不起眼的肢刑架在等着伺候他们。生前，他们从别人的回馈中提炼出自我。这间（牢）房里没有镜子，所以，他们三个人在面对面交流时，都把另外两个地狱里的同伴当作客体，当作映照出自我的镜子。而因为他们都很自爱，所以又做不到通过对方来定义自我。剧本结尾，杀人犯加尔桑突然领悟并高呼道："**他人即地狱。**"因为人这一辈子都在努力将自己构建成主体，而与此同时，别人也在这么做。

我非常了解萨特笔下的这种戏剧性。20 世纪 80 年代中期，我常常开车从卡姆登（Camden）前往缅因州的波特兰（Portland）。卡姆登和罗德岛（Rhode Island）的新港都是游艇之乡，深受富人喜爱。我的工作便是开 72 千米的路程，把百万富豪们送到机场，这样他们便可以坐飞机飞回棕榈滩或者其他地方。一天深夜，我开车穿梭在缅因州的树林里，车上的富豪客户兴致很高，说道："我现在想吃墨西哥餐，再喝上一杯玛格丽塔，你能帮我找个地儿吗？别担心，耽误你的时间，我会加钱的。"因为还有一位客户在波特兰等我，所以我没法满足他心血来潮的要求。这个惯于对员工呼来喝去的客户一路上都噘着个嘴，给的小费也少得可怜。机场线跑久了，我就仿佛变成了切·格瓦拉。大多数客户和我交流时都把我看成一件物品，仿佛我是他们 18 米长单桅帆船上的方向舵一样。在我向他们暗示我拿到了芝加哥大学博士学位之前，他们大都是这副嘴脸。尽管不是次次如此，但一听说我是芝加哥大学的博士，他们同我谈话的态度多数会转变。此时，我不再是一件物品了。还是存在主义哲学家拉尔夫·艾里森有先见之明，用他的话来讲，我不再是一个"隐形人"。

虽然加缪和他的朋友萨特一样有很多风流韵事，但在爱情问题上，他并不是个浪漫主义者。加缪二十多岁时创作了《局外人》。这本书一经出版便大受欢迎，他也立刻成了文学新秀。《局外人》的故事背景设定在阿尔及利亚，主人公默尔索认为自己活得就像爬虫一样卑劣。默尔索和作者加缪一样喜欢阳光大海，热爱游泳，以及和前同事玛丽厮混。一次，共度良宵后的第二天早上，玛丽穿着默尔索的睡衣，两人嬉笑玩闹，玛丽咯咯笑个不停。据默尔索回忆："每次她笑，我就又想要她了。过了一分钟，她问我是否爱她。我说别多想，我并不这么觉得。她听了一脸伤心。"

在《局外人》的第一部分，默尔索并没有反省自我。在他看来，我们就像沙滩一样等待着情感的海浪将我们冲刷。虽然有些情感持续得比较长，但潮起潮落，终将了无痕迹。对此，我们可以理解为加缪在暗示我们，理想的爱情只是西方资产阶级的幻想。若我们诚实的话，就得承认把情感打包，投射到将来是不可能的。五年、十年、二十年后，我对你的感情不可能和现在一样。法国佬们若听到爱会越变越少，一定会哇哇大叫："那承诺呢？"这时，默尔索会耸耸肩，反问道：除了让人在感情消逝后假装感情还在之外，承诺还有什么用呢？噢，或许承诺就是保证在激情早已褪去以后依然能表现得很相爱。

从加缪的私生活来看，他是一个激情澎湃的浪漫主义者，但不是个忠诚的伴侣。加缪的第一次婚姻以离婚告终，虽然他总是抱怨结婚是反人性的，但到了1940年，他又结婚了。这回，他的结婚对象是法国钢琴家弗朗辛·富尔（Francine Faure），她为加缪生下了一对双胞胎。加缪和许多女性有染，其中最著名的便是西班牙裔女演员玛丽亚·卡萨雷斯（Maria Casares）。弗朗辛不堪忍受加缪的多次不忠，甚至曾企图自杀。加缪在《堕落》一书中间接承认了自己不忠的罪名，讽刺的是，他凭借这本忏悔之作赢得了1957年诺贝尔文学奖，三年后，他遭遇车祸身亡。

和他的首部成名作一样，《堕落》是他的个人自述，或者说，书中部分内容是他的个人自述，以大段独白写成。虽然主人公小时候有另一个名字，但是改名为让 - 巴蒂斯特·克莱芒斯（Jean-Baptiste Clamence）。巴蒂斯特曾是个帅气的巴黎律师，他的名片上写着"法官忏悔者"。随着故事的展开，我们会发现，"堕落"这一书名揭露了巴蒂斯特好色淫荡、自私自利的秉性。一天晚上，刚和女人厮混完的巴蒂斯特正步行回家，途中经过一座大桥时，他看到了一个性感的黑衣女子。突然，这名女子纵身从桥上跳了下去。虽然巴蒂斯特听到女子尖叫着被水流冲走，但他什么也没做，甚至都没报警。后来，巴蒂斯特回忆道，在女子跳河事件发生前，堕落是对他的考验，他会沾沾自喜地说："没有人比我更自然。总而言之，我的生活是和谐的，从上到下无比契合……生活，连带着生活中的人和生活给予的礼物，都朝向我而来，我善意而自豪地接受了这些馈赠。说实话，我只是一个凡人，但生活如此圆满，让我不禁自视为超人。"那时，巴蒂斯特为弱者辩护，对穷人施以援手。醒悟后，他发现虽然自己表面上在做善事，但是他一直渴望权力，渴望受人敬仰。一如马丁·路德所说，他扭曲了自我，他的自我一直都在强调"我，我，我"。

从某种程度上来说，《堕落》揭露了一个在没有宽恕可能的世界中的罪责问题。巴蒂斯特以律师的身份在阿姆斯特丹的下等街区与罪犯们做交易。这名法官忏悔者坦言他承认这项罪名，但他这么做只是为了逃避审判。另外，还为了诱使听他说话的你揭露自己的罪行，这样他就能反转局面，对你进行审判。

巴蒂斯特的尼采式信条表明，渴望权力和逃避他人审判的欲望支配着我们，因此，我们再也跳不出自爱的圈圈。《堕落》一书中刻画了两个拥有爱的能力的角色，但是，依加缪所言，只有十亿分之一的人才拥有爱的能力。忘了基督教的教义吧——如果爱意味着要像爱自己那样爱别人，那么有多少人可以胜任这件事？朋友好运当头时，我会说"真为你高兴"，但我真正能够分享到别人欢乐的时刻少之又少。

虽然巴蒂斯特没有真的说爱不存在，但是他说的话八九不离十："当然，真爱是极少的——一百年里差不多也就出现了两三回。其余时候都只是虚荣与乏味而已。"

尽管加缪、萨特等人对人类怨声不断，但是每天还是有人为他人（常常是陌生人）奋不顾身，当然，犬儒主义者鄙视这种自我牺牲的行为。怀疑论者也认为，利他主义是不存在的，我们所做的一切都基于个人利益。一位医生辞去缅因州舒适的工作，去南苏丹为战场上的伤员们服务，他的动机也是自私自利的——也许，他害怕内疚感，想要出名成为英雄。我们的大多数行为都是出于一连串的动机。你永远可以以揭示其背后动机的方式对爱与牺牲等高尚行为做出解释。也许，无私奉献是不存在的这一说法，最诱人之处就在于可以把人从做该做之事的义务感中解放出来。啊，我很想帮你，但我觉得如果我这么做了，那也只是为了减少我内心的负罪感而已。因此，抱歉，你还是靠自己吧。

但是，真爱真的存在吗？你又看不见真爱。基于此，经验主义协会的忠实成员和巴蒂斯特站在了一条战线上。然而，正如之前所说，克尔凯郭尔提醒人生阅历没有超越眼界的人："若有人觉得自己无比精明，因从不受骗而自豪，坚称唯有肉眼所见的才可信，那么，我们首先要做的就是不再相信爱。"

克尔凯郭尔认为，那些精于评估可能性的理性之人劝自己不要去爱，实则他们远离了这一生中最珍贵的东西。对此，克尔凯郭尔提醒我们："自欺欺人地否定爱是大错特错的，这意味着永远失去爱，无论是在今生还是来世，都无法补救。"

令人悲哀的是，克尔凯郭尔在面对爱情时，也自欺欺人地否定了爱。克尔凯郭尔的爱情故事是所有哲学家中最悲惨的一个，这位哲学导师 27 岁时解除了和雷吉娜·奥尔森（Regine Olsen）长达十三个月的婚约，在哥本哈根的精英阶层中成了一桩骇人听闻的丑闻。包括自家兄弟在内的所有人都认为克尔凯郭尔冷血无情、卑鄙无耻。雷吉娜的律师父亲恳求他三思而行，告诉他雷吉娜忧郁成疾，企图自杀。然而，克尔凯郭尔却一意孤行，尽管从他冗长杂乱的日记中可以看出，雷吉娜是他永远的灵魂伴侣，是他此生唯一的挚爱。

克尔凯郭尔认为，那些精于评估可能性的理性之人劝自己不要去爱，实则他们远离了这一生中最珍贵的东西。

是什么促使克尔凯郭尔解除婚约呢？他来回踱步，原地打转。克尔凯郭尔在日记中解释道，他不希望雷吉娜像他家族所有男性那样深陷抑郁，另外，他还表示自己肩负着成为宗教作家的使命。没过多久，克尔凯郭尔把戒指还给了雷吉娜，为了让她死心，他去了柏林。在柏林，他写信给好友埃米尔·波森（Emil Boesen），要求埃米尔偷偷传播他在外风流的谣言。那时，克尔凯郭尔凭借超常的热情参加讲座，把一堆杂乱无章的宗教论述写进《非此即彼》，同时，他开始撰写经典之作《恐惧与颤栗》。

在和克尔凯郭尔分手数年后，雷吉娜走出了悲伤，另嫁他人。虽然克尔凯郭尔在文学上立下了不朽丰碑，但毕竟是个凡人，听到雷吉娜结婚的消息，他大为光火。克尔凯郭尔依然爱着他的这位前未婚妻，他把牛皮纸印刷的全部著作赠送给她。他甚至找到了雷吉娜的丈夫弗里茨·施莱格尔（Fritz Schlegel），恳求其允许自己与他夫人做朋友，被施莱格尔一口拒绝了。

当然，心理医生会劝克尔凯郭尔就此罢手。但是，克尔凯郭尔认为，你一旦认定某人是你一生所爱，你就得让这份爱永葆生机，"让伤口保持绽放"。当然，这种话我们听起来会觉得有点神经质，但这或许恰恰证明我们误解了爱。

在克尔凯郭尔短暂的一生结束之前，他疏远了唯一还在世的哥哥和几乎所有的朋友。既然如此，为什么我们还要向这样一个离群索居之人求教爱的真谛呢？或许，克尔凯郭尔之所以疏远了所有人，是因为他对朋友和丹麦同胞爱得深沉，以至于愿意对他们说出逆耳的话语。

从表面来看，上文对于克尔凯郭尔生活的插叙似乎偏离了爱的主题，但事实并非如此。一个下午，还在读博的我踏着轻盈的步子走进里夫教授的办公室，得意扬扬地告诉他，一家顶级期刊同意发表我的文章。里夫说"干得不错"，然后，他就开始批评我太志得意满了，如果我只想成为一名作家，就没有必要努力成为一名教师，直接去写书就好了。里夫说，大多数教授都太自恋了，所以他们无法成为权威人士。他告诉我，大多数学者不愿因为学生的行为和学业与学生起冲突，他们宁可息事宁人，从而安心再写一篇毫无记忆点的论文。谁想与人发生冲突呢？

里夫并不是这样的教授，他明确告诉我，虽然我的学术论文即将出版，但是我还未像他所期望的那样优秀。我们的谈话快要结束时，他伸出一只手搭在我的肩上，郑重其事地说："戈登，如果你真心爱你的学生，你就该告诉他们这些丑陋的真相，尽管他们听到后会非常生气。"

这件事也让我明白了为什么批评家克尔凯郭尔会那样处理他和丹麦社会的关系。克尔凯郭尔在阐释他对《新约》的认识时，提醒那些逐渐脱离宗教的丹麦同胞——上帝命令他们（和我们所有人）要爱人。克尔凯郭尔表示，人类不会本能地以为爱是一种责任，而且这种想法在他们看来十分奇怪。只有上帝才会有这样的觉悟。

《爱的作为》一书中大量的评述都在挑战我们对爱的认知。

比如，克尔凯郭尔言简意赅地提出了一个朴实的观念，即偏好之爱——爱某人拥有的品质（身材、头脑、幽默等），抑或出于血缘关系而爱人，从本质上来说都是自爱的表现。你爱这样的人，是因为你把他们当作自我的延伸，是因为他们实现了你内心深处的某些渴望。不论是谁，只要有一丁点儿人性，就会有所偏爱。嗜血的暴徒也爱他的孩子，还有他的同伴。爱和你有关系的人（比如你的孩子）并为其牺牲并不稀奇。《爱的作为》不仅推动我们重新审视那些出自本能的爱，这部作品还花了大量篇幅介绍了，嗯，就是介绍了爱的作为本身。克尔凯郭尔认为，爱的作为之一是一种奇怪的责任，即在他人身上预设爱。与萨特、加缪和尼采等人不同，克尔凯郭尔认为我们肩负着一项责任，即假定自己拥有爱所有人的能力，无论是我们喜欢的人，还是我们宁可绕路也要躲避的人，我们都能够去爱他们。

我大致能了解爱的这项作为。某一年的教职工大会上，几乎所有人都到场了。我瞥了一眼那个和我激烈论战的同事。如果说我恨他，或许言重了，但好像我也确实是这样认为的。虽然我俩已共事二十年，但是我们就像高中生一样见面从不打招呼。就在那天，当我和这位学术界头号劲敌照面时，我突然被一种温暖、善良的感觉包围，几乎不自觉地笑着朝他友好地挥了挥手。这位连朋友都算不上的同事大吃一惊，猛地抬起手，朝我微微一挥，随即收起手，移开了目光。一会儿的工夫，我俩之间的敌意和差异性就消失了。我猛然意识到我们只是两个装模作样求生存的凡人而已。

> **克尔凯郭尔认为，爱的作为之一是一种奇怪的责任，即在他人身上预设爱。与萨特、加缪和尼采等人不同，克尔凯郭尔认为我们肩负着一项责任，即假定自己拥有爱所有人的能力，无论是我们喜欢的人，还是我们宁可绕路也要躲避的人，我们都能够去爱他们。**

在克尔凯郭尔的书中，人们必须互相关爱的说法源于在上帝面前人人平等。克尔凯郭尔写道：

> 差异性是现世中令人困惑的标志，它把每个人都标成是不同的，而"邻人"则是永恒的标志——在每一个人身上都有。比如，有许多纸张，在每张纸上分别写上不同的内容，于是，这张纸的内容就不同于另一张纸的。把所有的纸对着阳光拿着，这时，你会在所有纸上看到一个同样的印记。同理，邻人就是那同样的印记。

之前提到，当今世界堕落的一个标志就是沉迷于差异。我认识一些学生，他们找到大学研究员的工作，参加了一些精英项目，没过多久，他们就迫不及待地想知道这期间有多少人遭到淘汰。淘汰的人越多，他们就越觉得自己优秀。克尔凯郭尔认为，我们过分沉迷于比较和差异，就连墓地也不放过。大人物的墓地上矗立着巨大的石碑，周围还有绕着锁链的小栅栏，以此防止民众闯入他们永恒的安息之地。克尔凯郭尔称，论及宗教生活和爱，当我们双目紧闭看不到自身与邻人的差距时，目光最为锐利。合上双眼，唯一真实的平等（上帝面前的平等）印记才会显现。

克尔凯郭尔定会嘲笑我在教职工大会上的经历，他会觉得我当时的情感一闪即逝，"得于偶然"，并不是源自责任感的爱。我怀疑还原论者们也是这么想的，他们会说那只是神经系统化学物质的昙花一现。同事之情的闪现太匪夷所思了，连我自己都一时怀疑是不是哪里出问题了，这种突如其来的奇怪感觉或许是我内心光芒消逝前的洞见，给予我惩罚，让我明白"这才是你本来该有的样子"。最后，我们倒不妨把这一"敞开心扉"的时刻视为内心情感的里程碑，值得我们铭记和努力。

虽然克尔凯郭尔关于爱的解释丰富多彩且发人深省，但是，非要说不足的话，我觉得他忽略了爱的感觉层面。克尔凯郭尔把爱描述成责任、激情、需要，但在他的分析中，温柔并不是那么重要。克尔凯郭尔所有关于爱的描述中，都没提到温柔。康德堪称启蒙运动时期的"苏格拉底"，他认为当耶稣命令人们要爱他人时，无非是要人们尊重他人、帮助他人。毕竟——请康德原谅我妄自揣度——爱如果是感觉的话，是无法命令他人去做的。在康德看来，我可以穿上靴子、戴上手套，帮助脾气暴躁的邻居铲雪，但我无法凭意志让自己对那个见孩子们在她家院子玩耍便破

口大骂的冷漠女子感到亲切。但是，存在主义哲学家和美国的
实用主义者们认为，我们引导自己情绪的能力比想象中的要大
得多。

　　如果活着主要是为了成为一个温柔体贴、左右逢源的人（诚
然，这里的"如果"要打上着重号），而非幻想成为一个旅行家，
尽可能多地去收集愉快的经历，那毫无疑问，你必须有能力去体
会爱的感觉。诚然，内心柔软并不能证明一个人仁慈有爱，毕
竟，希特勒也为他的狗掉过泪。或许成吉思汗也为他的马哭过。
然而，如果一个人看到小姑娘迎接从战场归来的父亲的场景，脸
颊却丝毫升不起暖意的话，哪怕他为人正直，心中也缺失了某样
东西。一个驼背老妇人刚买完东西，拎着大包小包站在漫天大雪
中等车回家，看到这一场景停下脚步上去帮忙的人，内心比我们
这些低头走路，急切地想要吃完晚饭后赶紧把工作完成，以便追
下一集《权力的游戏》（*Game of Thrones*）的人高尚得多。

**　　克尔凯郭尔所有关于爱的描述中，都没提到温柔。**

　　在苏格拉底协会中，大多数成员都自称哲学家，他们在开始
研究前会先寻找定义。但是，如前所述，内心的烦恼是难以言表
的，如果不借用比喻的话，很难把这些负面情绪区分开来。提及

温柔，人们常会想到内心柔软的自我。古希腊人利用各种元素来认识心理状态，他们认为，过度进行斯巴达式的硬汉训练会榨干人的灵魂，使其坚硬而不敏感。古希腊人认为，温柔不仅能滋润灵魂，还能让人坦然面对来自外界的打击。如果我们说伤口很脆弱，意思是说伤口对触碰极其敏感，那么，人变得温柔时，自我和所有的阴谋诡计好像一时间都被融化了。爱的感觉更加强烈，我们会感动得迫不及待地要伸出手去抚慰他人。

大概几年前，我和妻子苏珊在明尼苏达州的乡野冰原上发生了一场可怕的车祸。当时，急救医生把苏珊绑在担架上，抬上直升机，飞往急救中心。看着她微微颤动的双眼，我努力克制着自己的情绪。后来，我看了一眼赶到事发现场的儿子，他当时才二十出头。尽管他努力保持平静，但脸上依然透出对母亲的爱和对母亲受伤的恐惧。这一眼让我的内心防线就此崩溃，情感如海啸般汹涌而来，我的斯多葛式思维和冷静的理性如同天上的大雁一般飞到了九霄云外。

如果我们说伤口很脆弱，意思是说伤口对触碰极其敏感，那么，人变得温柔时，自我和所有的阴谋诡计好像一时间被融化了。爱的感觉更加强烈，我们会感动得迫不及待地要伸出手去抚慰他人。

在关于爱的哲学思考中，最著名的当属柏拉图的《会饮篇》。虽然柏拉图的对话录中鲜有提及女性，但《会饮篇》中的苏格拉底坦言，他从女祭司狄奥提玛（Diotima）那儿学到了爱，狄奥提玛告诉他，爱就是对美的渴望，如同丘比特那般。我们所有人在直觉上都认为，拥有美就会幸福。但是，狄奥提玛认为，我们一开始着迷于外在美，然而，当我们成熟后，则会首先被拥有高尚、可爱灵魂的人所吸引，接着，我们会着迷于滋养灵魂的法则所体现出来的美。

我的狄奥提玛是陀思妥耶夫斯基，他巧妙地提出了接受爱这一令人始料不及的问题。陀思妥耶夫斯基在《白痴》中对耶稣的描写石破天惊，他还提出了一个令人吃惊不已的说法，即面对最终的真相所需要的不是健康的心智，而是病态的心理。说白了，如果想要承受真相，就必须发狂。

陀思妥耶夫斯基轻而易举地满足了自己所定下的要求。他变得十分神经质，不过考虑到他所经历的一切，也难怪他这样了。1821 年，陀思妥耶夫斯基出生于莫斯科。他是一名工程师，曾在军队服役。后来，他加入了一个由理想主义者组成的团体，这个团体旨在推翻沙皇统治，让俄国政府更加民主。1849 年，沙皇警察逮捕了陀思妥耶夫斯基和他们团体中的其他成员。在监狱里被折磨了数月后，陀思妥耶夫斯基和他的几个同伴被架上马车，押赴刑场。他们一身白衣，被绑在刑柱上，临刑前还被要求亲吻十字架。正在军鼓响起，准备执行枪决的时候，死刑取消了。陀思妥耶夫斯基得到减刑，由死刑减为赴西伯利亚服四年有期徒刑外加四年兵役。

陀思妥耶夫斯基刑满释放后，他亲爱的哥哥米哈伊尔（Mikhail）去世了，于是，他开始负责接管哥哥这一大家子的财务开销。陀思妥耶夫斯基靠写作为生，但由于财务紧张，他常常不得不以低价卖掉未来作品的版权，以维持收支平衡。他患有严重的癫痫，只要有出版商上门找他，他就会癫痫发作，事后完全忘记自己正在构思的故事情节。他的第二任妻子安娜·格里戈里耶夫娜·陀思妥耶夫斯基（Anna Grigoryevna Dostoyevsky）是他的秘书，据她回忆，当时离分期付款日没剩几天了，债权人都准备上门搬走家具了，陀思妥耶夫斯基在公寓里来回踱步，用口述的方式创作了堪称史上最伟大的小说——《卡拉马佐夫兄弟》。

因为陀思妥耶夫斯基有过可怕的坐牢经历（《死屋手记》对此有过描述），所以，他的真实生活和想象大都以侮辱、羞辱和道德上的自我堕落为主题。1864 年，陀思妥耶夫斯基创作了有史以来最辛辣的一部讽刺小说《地下室手记》。一位俄国评论家在阅读《地下室手记》时，写了篇书评，并恰如其分地以"冷酷才子"为题。《地下室手记》从一定意义上来说是在驳斥尼古拉·车尔尼雪夫斯基的《怎么办？》。乐观主义革命家车尔尼雪夫斯基在小说《怎么办？》中提到，在正确的社会政治分工下，人类不会再自相残杀，而会和平、和谐地生活在一起。

陀思妥耶夫斯基的小说和上文提到的加缪的两本书一样，是以自述形式呈现的戏仿。从某种程度来说，没有什么政治、经济、社会规划可以让我们摆脱自我。在陀思妥耶夫斯基看来，人类如同蜘蛛，是忘恩负义的两足动物，宁可牺牲个人幸福也要追求权力。如果你要以"创世纪"的故事为蓝本撰写心理学论文的话，可以把《地下室手记》作为参考文献阅读一下。如果我们生活在伊甸园的话，定会追随亚当大闹一番，把天堂变成奥斯维辛集中营。

陀思妥耶夫斯基笔下的主角是一名老文员，上一辈留下的遗产十分微薄，但足以让他提前退休。苏格拉底命令道："认识你自己。"陀思妥耶夫斯基等存在主义思想家们一直在思考如果不信仰上帝的话，我们是否能认识自我。《地下室手记》从叙述者的角度出发，回顾了四十年的经历。"地下室里的人"（Underground Man）想知道他是否能够对自己彻底坦诚。这就需要他想起那个似乎决定了他人生轨迹的选择。

一如温柔，尴尬也是被哲学家遗忘在档案柜的主题。如果你想让一个人为生活做好准备，那么你最好提醒他生活中处处有尴尬：比如去关照沉湎于悲伤的朋友，以及碰到不熟的人，尽管彼此无话可说，但还是要假装亲热。在描写尴尬得令人嘴角抽搐的场景方面，陀思妥耶夫斯基的才情不输伦勃朗和莫扎特。在《地下室手记》的第二部分，"地下室里的人"回想起，他强行参加了一次老同学的送别会，那个同学是有钱的陆军上尉，名叫兹韦尔科夫（Zverkov）。地下室里的人和陀思妥耶夫斯基很像，容易生气，爱找麻烦。虽然没什么人待见他，但是他还是强行参加了这次送别会。从一个与会者的弗洛伊德口误中，他得知宴会一小时后才开始。赴宴人员来到餐厅后，这位地下室里的人怒火中烧。他说话冷嘲热讽，傲慢无礼，激怒了身边所有人，大家开始无视他。虽然察觉到大家对他的态度，但是，由于他冥顽不灵，尖酸刻薄，所以他拒绝离场。相反，他跑到邻桌狂饮，喝得神志不清，情绪激动。最后散席时，客人们纷纷给主人呈上礼品，地下室里的人坚持要敬酒，并在祝酒词中侮辱了贵宾兹韦尔科夫。地下室里的人一反常态地想要挽回。兹韦尔科夫打断了他的话，趾高气扬地回应说，他不过是只臭虫，自己不和这种下贱的人一般见识。兹韦尔科夫说："侮辱我？就凭你也能侮辱我？伙计，你要知道，不论在何种情况下，你都不配侮辱我！"

　　午夜过后，宴会散场，宾客们纷纷去了妓院。我们这位反叛英雄算得上自取其辱的行家了，他从一个轻蔑鄙视他的熟人那儿借了些钱，租了一副雪橇，往臭名昭著的烟花巷赶去，满脑子都在想着要过去扇兹韦尔科夫一巴掌。可当他赶到妓院时，刚才那些宾客都发泄完欲望离开了。他胸中熊熊燃烧的复仇欲望无处发泄。然而，在他面前站着一排妓女等他挑选，于是，他挑了一个叫丽莎的妓女。他俩做完爱后又过了几个小时，他开始做他最喜欢的事：玩弄年轻女孩的心。根据这位地下室里的人的回忆：

我脑子里乱糟糟的。似乎有什么东西在我头上盘旋，令我十分恼火、焦虑不安……一种凄凉的思想蓦地出现在我的脑海里，随即传遍全身，产生了一种非常难受的感觉，这感觉就像一个人走进潮湿、发霉的地下室的感觉一样。

他们的聊天就这样开始了。起初，地下室里的人聊到最近有一个妓女在街头接客时身亡然后下葬入棺的事，其中有些内容是他杜撰的，丽莎对他讲述的这个精彩的悲剧故事并不感兴趣。他渐渐聊到了家庭生活，虽然丽莎主动离开了家，但他的这番话赢得了丽莎的信任。地下室里的人不敢相信自己此时激动的心情，他继续着他的游戏。他慷慨激昂地讲了一大堆话后，丽莎想起了她的父母。地下室里的人绘声绘色地向丽莎描述身为人母的快乐，而这份快乐是丽莎将来可能体会不到的。他提到母亲哺乳孩子时，说道："一个白里透红的小婴儿，胖胖的小脸蛋，叉手叉脚地躺着，睡眼蒙眬；小手小脚胖乎乎的，小指甲干干净净的……小眼睛忽闪忽闪的，好像他什么都懂。一边吃奶，一边还用小手抓你的乳房玩。"地下室里的人颇有兴致地继续胡扯着。仿佛有缪斯女神在他左右，他声情并茂地聊着他的生活。

他等待着丽莎的回应，但丽莎沉默了。对于自己，地下室里的人有一点很害怕，他自己是个虚伪造作的人，以小说来构建生活。听完他说的话后，丽莎有些目瞪口呆，但不知怎的突然语带讽刺地说道，他的这篇长篇大论听起来像是本书。数十年过后，地下室里的人回想起当时，说道："她的话深深刺痛了我。我没想到她会这样说……当时我心想，'等着瞧吧'。"他会报复的。

尽管书中的思想有如鞭子，但行文依然十分优美。太阳出来了，地下室里的人打算离开。他心血来潮，匆匆写下家庭住址，邀请丽莎来家里做客，但他立刻意识到自己这么做是错误的。

四天后，他心情不佳，蓬头垢面，言语粗鄙地和他家那个令人讨厌的勤杂工大声争吵。这时，有人敲门。来人正是丽莎。当时地下室里的人情绪暴躁，裹着一件脏兮兮的黄色浴袍。他看起来不再像一个救世主，因为丽莎看到了他这副颓败窝囊的样子，所以他向丽莎大发脾气。最后，他决定向丽莎忏悔，他只是在利用丽莎发泄愤怒，满足报复之心。他愤愤不平地说："他们羞辱了我，因此我也想羞辱别人。"

他浑身颤抖，继续说道："当时，我在你面前表演得像一个了不起的英雄，可现在你突然看到我穿着这件破睡衣，看到我是一个叫花子，是个下三烂……直到现在，你还不明白我永远不会原谅你吗？因为你碰到了穿着这件睡衣的我。"

令人惊讶的是，丽莎竟没有因为他这一大段话而心生厌恶。丽莎看到他泣不成声，泪流不止，就觉得他是一个不幸福、脾气暴躁的人。除此之外，丽莎还发现，即便地下室里的人觉得他只是逢场作戏，但是，他的情感是真挚的。面对他的斥骂，丽莎搂着他和他一起流泪。地下室里的人把头埋在沙发里抽噎着。接着，我们便会读到文学史上最精彩最邪恶的描写：

> 可问题是，歇斯底里毕竟总归是要过去的……我趴
> 在沙发上，把脸深深地埋在我那肮脏的真皮沙发垫里，
> 我开始慢慢地、隐隐约约地、不由自主地，但是又克制
> 不住地感觉到，我现在已经没脸再抬起头来直视丽莎的
> 眼睛了。我为什么感到羞耻？我不知道，但是我的确感
> 到羞耻……因为我羞于抬起头来看她，所以当时在我心
> 里蓦地燃起另外一种感情……一种统御感和占有感。我
> 的眼睛闪着激情的火焰，我紧紧握住她的手。当时，我
> 是多么恨她，同时又被她吸引啊！

这就验证了克尔凯郭尔所说的，吸引力和排斥力共同造成了
焦虑。地下室里的人意味深长地喊道："我想要变好，但是他们
不让我这么做。"他既渴望得到丽莎的爱，又不能接受她的爱，
因为他觉得那样会拉低自己的身份。地下室里的人冲出了房间，
留丽莎一个人坐在那里。时间一分一秒过去，可怜的丽莎茫然地
坐着，气氛尴尬。最后，地下室里的人轻轻敲了敲屏风，提醒丽
莎该离开了。丽莎悲伤地收拾好自己的东西，起身告别。地下室
里的人是道德上自甘堕落的典型，他抓住丽莎的手，往她手里塞
了一张五卢布的票子。

丽莎冲出大门，走入漫天风雪之中，再也没有回来。地下室

里的人像往常一样斟酌再三，然后，他开始呼唤着丽莎，追出去
找她。但是，丽莎消失了。他此生唯一得到真爱的机会也一并消
失了。回到公寓后，他发现了那张被捏得皱巴巴的五卢布票子。
四十年来，地下室里的人一直对这段往事耿耿于怀，但是，即便
过了那么长时间，他还是没有意识到，正是因为傲慢蒙骗了自
己，让自己不敢去接受爱。

　　再来说一说本章开头的那个故事，尽管婚姻中争吵不断，但
是最后我那位丧妻的朋友能够允许不完美的自己去接受爱，每次
关上门，被黑暗包围时，他都知道自己是不完美的。虽然他伤
害了妻子，但是妻子爱他，爱不完美的他，而不是某个理想化
的他。

　　**也许是为了抵御自我怀疑和来自内心的声音，许多人都渴望
受人仰慕。**我们想要被需要、受重视。我们希望别人爱上那个我
们渴望成为（或想象成为）的人，而非有血有肉、经常犯错的自
己。作为一个时而和善时而像孩子一样乱发脾气的人，他人的爱
总让人感觉像是怜悯，像是宽恕。当然，丽莎是一个如同基督一
般的人物。并且《地下室手记》这本残酷的书似乎也传递了一个
信息，即傲慢妨碍了我们去接受基督的爱和宽恕。尼采和弗洛伊
德都认为，陀思妥耶夫斯基是有史以来最伟大的心理学家。据陀
思妥耶夫斯基所说，如果有什么东西可以逼疯一个人的话，那就
是被人宽恕。我对陀思妥耶夫斯基的这一观点深有体会，因为我
宽恕过别人，也被别人宽恕过。

> **我们希望别人爱上那个我们渴望成为（或想象成为）的人，而非有血有肉、经常犯错的自己。作为一个时而和善时而像孩子一样乱发脾气的人，他人的爱总让人感觉像是怜悯，像是宽恕。**

我小时候，父亲常常在俱乐部喝马提尼喝个烂醉，很晚才回家，而且一到家就砸东西。我当时大概 6 岁。一直以来父亲发酒疯的时候我都在熟睡，有一晚，我被惊醒了，醒来后发现家里被砸得天翻地覆，场面非常可怕，而这种情况在我印象中从未发生过。父亲一直以来都是我的好哥们儿，是我的英雄。在一次争吵的间隙，母亲跑上楼来擦掉我的眼泪，安慰我说："谁家爸爸都难免会喝醉的。"母亲没喝酒，但她性格好强，不愿退让。争吵平息后，我下楼去找父亲。楼下一片漆黑。我从未见过父亲如此狼狈。他摸了摸我的脑袋说："回去睡觉。"我没有照做，反而柔声说："没事的，谁家爸爸都难免会喝醉的。"我其实是在用小孩的方式说："我了解你，我也很爱你。"他一路把我推出房间，我转身跑上楼。过了很久，我对父亲的失望才慢慢消散。

但是，我也步了父亲的后尘。几年前，在儿子的喜宴上，我和妻子大吵了一架，当时场面十分尴尬。在我们争吵以前，那天是十分灿烂美好的，婚礼也非常完美。但是，啤酒加上我发热的头脑，数十年潜藏的那一面就上了台面。很快，我就面红耳赤地怒吼着，我另一个儿子看不下去，把我拉到一边。第二天，我不敢面对镜子里的自己。吃早饭的时候，我的一个儿子拍了拍我的肩膀，冷不丁轻声来了一句："老爹，昨晚的事就别放在心上了。"我沉默片刻，愤愤地说："有什么好放心上的。""行吧。"儿子说着把手从"地下室里的人"的肩膀上抽了回去，起身走开。

儿子们看到了我的另一面，我以为这样的我很久以前就不存在了。一开始，我很讨厌别人看穿我。但是，我绝不会像地下室里的人那样。过了几分钟，我恢复了理智，上前搂住儿子，像小孩那样把头靠在他的肩膀上，含着泪小声说："真是对不住了。"

克尔凯郭尔说过，耶稣所有关于爱的命令，比如要像爱自己一样爱邻人，都要求把适当的自爱放在首位。适当的自爱并不是自恋地爱着自己，也并不像我们所认为的自爱那样贪慕虚荣，迷恋自我。

我这一生似乎都在不停地、狠狠地自我厌恶着。每次我厌恶自己的时候，都能够伪装得很好，我能体面地表示感谢，热情拥抱那些一直支持我的人。但是，至于他们对我的爱，我并没有心怀感激，也不觉得来路正当。事实上，他们好像被我蒙在鼓里，因为我经常会想，这些人这样待我有什么目的？他们为什么要接近我？因为我不会适当地自爱，所以，我抑郁的锅炉中翻涌着怒火，这让我打心底里觉得自己就是一个卑鄙的地下室里的人，如果我身边的人发现我是这样的人，他们定会早早地离开我。

原谅我重申这句听起来像布道词却充满矛盾的话：我们需要用他人的爱来爱自己，但是，想要得到他人爱的滋养，首先必须足够爱自己，让自己能够去接受别人的爱。这里要提一下种族主义和压迫统治对人们的戕害，虽然这不在本章的讨论范围内。种族主义和压迫统治破坏了一个人自爱的能力。

在本章开头，我研究了爱的职责和作为即假定爱这一克尔凯郭尔的洞见——不仅要假定他人的爱，而且或许最先要假定自己的爱。如果陀思妥耶夫斯基笔下的地下室里的人这么做的话，或许他就能在丽莎的怀里得到安慰了，或许他就不再是地下室里的人了。

尾　声

　　本书前面的内容都是围绕存在主义的生活指南展开的。但与旅行指南不同，本书并不是在讲怎么过上幸福或更幸福的生活。细细想来，我觉得尽管人们写了很多感恩日记，但还是会一直追寻真实的人生。自称是酒鬼的作家查尔斯·布考斯基把作品命名为《最重要的是你在经历磨难时是否能泰然自若》（*What Matters Most Is How Well You Walk Through the Fire*），而不是"……你是否和孩子们在沙滩上嬉戏，愉快地度过了夏天"。

　　正如我在引言中提到的，存在主义思想家对我的吸引力要胜过其余所有作家吸引力的总和。存在主义思想家们认为，生活是一次艰难跋涉而非浪漫之旅，是不可动摇的事实。抑或正如叔本华所写，生活是"一项待执行的任务"。然而，叔本华抱怨说："这个世界本就是地狱，在这个地狱中，人类一方面是饱受折磨的灵魂，另一方面本身就是魔鬼。"本书提到的那些作家绝不赞同这一观点。尽管对现代化有诸多抱怨和尖锐的批评，但加缪依然坚定地表示："身处严冬，我心中依然有个永不颓败的夏天。"

从克尔凯郭尔到加缪，存在主义思想家们都相当明白，生活不仅是一份无与伦比的馈赠，也是一项挑战。

按道理来说，在决定接受挑战后，你很快就能意识到途中可能出现的阻碍，比如学一门外语或者参与一项严格的锻炼项目。存在主义思想家们目光灼灼，细心地留意着生活中的诸多障碍。比如说，我们大多数人都知道，没有爱的人生就如同一潭死水。但有多少人能像陀思妥耶夫斯基那样，发现因为我们需要拥有掌控感，所以接受别人对你本人的爱（和希望因为自己的成就或相貌而被爱相反）是亲密关系中最令人畏惧的绊脚石？尽管无法面面俱到，但这本书就专为你解决横在你人生中的各种障碍。

从克尔凯郭尔到加缪，存在主义思想家们都相当明白，生活不仅是一份无与伦比的馈赠，也是一项挑战。

在第十七封信中，柏拉图针对书籍是否是一种智慧的恩赐，提出了疑问。毕竟，历史上的三大圣人——耶稣、佛陀、苏格拉底都没有著作传世。虽然柏拉图知道书写有助于记忆，但他似乎对书面文字让生活舒适得宜的能力心存疑虑。柏拉图认为，为了记录真理，或所谓为了记忆而写作，理由不够充分。克尔凯郭尔也赞同柏拉图的观点，他坚决认为，只有适宜且热情的个人想法才能给人留下印象。成串的概述就像谷仓里的麻雀一样，在人们的心头跳来跳去，留不下痕迹。对引述来讲，大概也是如此。所以在这篇作品中，我试图引述一些绝妙的存在主义理论，但我不愿把它们提炼后再改写。

然而，我毫不犹豫地以教授的身份概括了那些观点。在期末几周的伦理学课堂上，我总是和学生们一起，从二十多位我们抓耳挠腮地研究了一学期的思想家观点中，搜集出一系列可能影响人生的深刻见解。

举例来说，我们花了整整两周的时间研究亚里士多德。他认为生活太过错综复杂，所以面面俱到的通用道德法则之书不可能存在。在不确定行动方针是否正确的情况下，这位柏拉图的高徒教导我们，要去寻找并试着向品德高尚的人学习。然而，问题马上就出现了：请说说看，一个还没有在道德方面有所建树的人怎么才能辨别出谁是品德高尚的人呢？也就是说，和其他道德理论一样，亚里士多德的"美德伦理学"也有问题。尽管如此，亚里士多德在作品中还是提出了许多道德上的深刻见解。正如之前讨论的，仅仅知道什么是善还不够，人还得坚持行善，而若想如此，就需要勇气和对抗恐惧的能力。作为心理学家的亚里士多德还认为，培养勇气需要练习对抗恐惧。所以，我说拳击是练习紧张的好选择。

因此，对课堂有益的东西对书而言可能同样有益。所以，虽

然有所迟疑，但我在这本书中提炼出的一些重要的存在主义人生
指导或许还是有价值的。

我们在思考时围绕着的观点或预想是：我们是有自我意识、
自我联系的生物，我们虽然不是总能意识到与自我联系的方式，
但尽管如此，我们对联系自己内心世界的方式仍有些掌控力。显
而易见，我们现在所在的世界会用医学方法去处理给人造成不便
的想法、情绪、情感等。这种三下五除二的做法或许能够消除心
理疾病的耻辱感。但本书有关焦虑的章节想告诉读者，焦虑不只
是一种伴有掌心出汗、脉搏加速等症状的恼人情绪，它还传递着
含有重要认知成分的信息。

有人认为，一定水平的焦虑有助于提高人们的警觉性，但在
前面的文章中，我们思考的内容远不止这些。还记得克尔凯郭尔
曾说，在正确的问题上适当焦虑是人生中要学习的重要一课吗？
海德格尔虽然在偿还债务方面有些疏忽，但在焦虑的本质和意义
方面，他吸取了克尔凯郭尔的很多观念。据这位来自德国黑林山
（Black Forest）① 的哲学家说，焦虑会把我们拽离人群，而我们只
有在脱离群体（一种海德格尔称为"乡愁"的情感）的情况下，
才能重新与社会建立起真正的联系。

---

① 　德国西南部地区。

焦虑不只是一种伴有掌心出汗、脉搏加速等症状的恼人情绪，它还传递着含有重要认知成分的信息。

我们中有许多人一生都被迫面对着抑郁这只喷火的恶龙。在思考无法言喻的悲伤时，我把克尔凯郭尔列入了研究名单，来重新寻找心理疾病和精神疾病之间——以目前的状况来讲，也就是抑郁和绝望之间的区别。在处于克尔凯郭尔所谓的"即时"状态时，我们深陷于情绪和感觉之中。但只要愿意尝试，我们还是能保持部分自我不受情绪干扰。克尔凯郭尔教导我们，无论感到多么绝望，人都有责任走出痛苦；哪怕关心自己都捉襟见肘，我们也要去关怀别人。要是做不到的话，就是在道德责任面前输了阵脚。我们就会从抑郁这种"心理疾病"恶化成绝望这种"精神疾病"。在关于抑郁与绝望的章节中，我们也认真考虑了为何朱莉娅·克里斯蒂娃笔下的"黑太阳"能照亮人们生命中的绝对弱点，增强人们的共情能力。

在关于死的章节中，我们得知克尔凯郭尔和托尔斯泰都强调了一个事实，即对必将走向死亡的抽象理解与个人对终有一天再也没时间了——"一切都结束了"的感受相去甚远。于是又体现出了克尔凯郭尔关于"自我是一种自身与自身发生关联的关系"的主题。我们应该如何把自己与迫近的死亡联系在一起？每当需要面对这个问题的时候，哲学家与普通人的心态是不同的。很多人耸了耸肩——人生只有一次，别浪费时间去愁眉苦脸地琢磨自己的死期了。诗人兼哲学家克尔凯郭尔从本质上给我们区分了"个体"的类别，他坚持认为，对自己死亡的思考就如一剂良药。克尔凯郭尔认为死亡是不可避免的，当你认真思考它的意义时，会使每一分钟都变得更有价值，也会赋予既定的问题更新、更大的意义。思考死亡是一件无比恰当的事，它会有助于我们避免在人际关系中草率行事。如果你不认同，存在主义思想家们会真诚地帮你扫除迷惘，修正观点。而当我们认识到自己终将归于尘土之后，会将生命中诸事的优先顺序进行重新排列。托尔斯泰同意克尔凯郭尔的观点，认为在桌上放个骷髅能让我们重塑价值观。但作为大家族的领袖，托尔斯泰远比克尔凯郭尔这个丹麦人更善于社交。他还宣称，普遍否认死亡是现代社会人际关系不真实的部分原因。

在关于抑郁与绝望的章节中，我们也认真考虑了为何朱莉娅·克里斯蒂娃笔下的"黑太阳"能照亮人们生命中的绝对弱点，增强人们的共情能力。

存在主义哲学家很少给我们上具体的道德课。不过，在这本

书中，我们所关注的不仅是与自己的关系，还有我们与他人的关系。这正是关于道德的话题。萨特坚持认为世上没有辨别是非的客观标准，他声称宗教文本与道德理论既可以支撑，也可以驳倒任何行为。萨特表示，除非能够把所谓的直觉付诸实践，否则它们就毫无价值。当我们做出毫无根据的决定时，在道德方面而言，我们会因此充满焦虑。针对弗洛伊德关于潜意识的观点，萨特提醒我们要抵制住"自欺"的诱惑，不要放弃自由，要主、客观兼备地看待自己。

克尔凯郭尔认为死亡是不可避免的，当你认真思考它的意义时，会使每一分钟都变得更有价值，也会赋予既定的问题更新、更大的意义。

和康德一样，克尔凯郭尔认为，任何想要过上道德生活的人都必须经受时间之火的淬炼，因为做正确的事情会把他们的幸福愿景烧成灰烬。要是克尔凯郭尔成立了一家如今相当流行的"道德观念工作室"，或者去《纽约时报》当了伦理学专栏的编辑，他可能会建议说，若想要以不说谎的方式摆脱困境，我们当下拥有的知识和分析技能就够了，没必要去学新的。而且，克尔凯郭尔会建议我们要坚守既有的伦理宗教知识，以此抵挡凡事寻求捷

径的诱惑。克尔凯郭尔认为蒙骗自己，让自己甘于愚蠢的倾向是
对道德生活的最大阻碍，实乃真知灼见。

　　要是克尔凯郭尔成立了一家如今相当流行的"道德
观念工作室"，或者去《纽约时报》当了伦理学专栏的
编辑，他可能会建议说，想想要以不说谎的方式摆脱困
境，我们当下拥有的知识和分析技能就够了，没必要去
学新的。

　　与马克思和弗洛伊德一样，尼采时常会对神圣的良心进行解
构。依照尼采所说，道德和良心既不是什么崇高的东西，也不是
理性的产物。哲学家菲利普·基切尔（Philip Kitcher）等现代伦
理学家认为，道德和其他事物一样，最好用演化论的观点进行理
解。结合历史和时事来看，虽然有些讽刺，但是基切尔及其拥护
者们认为，道德正朝着增加、扩大合作的方向发展。尼采认为，
我们的道德理想就如同滚石一般，在滚动的过程中粘上了不同
（时常还会彼此相反）意义的苔藓，但石头还是会因为权力欲望
等外力的推动继续滚动下去。尼采是用语言学的方法研究：他详
细地描述了道德规范意义的转变，以此来追踪价值观的变化。如
今，"善"这个词有着温和的寓意，但在古时候，却和勇武有关。

尼采早先就提出这个问题：价值的价值是什么？和他厌恶至极的功利主义者们一样，尼采也认为是人类创造了道德，而人的道德会增强或者会腐蚀文化。尼采坚信，穿过历史的长河，经过他眼中的"奴隶反叛"，禁欲思想已经成了道德的试金石。在此标准下，凡是称为"善"的事物，起码都必须包含自我牺牲的元素。例如，我不能只顾前进，成为最优秀的那一个，我必须要用利他主义的动机来装饰自己的抱负。比如说，我决心做一名医生或律师，但我首先得有一套托词，说这主要是因为我想帮助别人——而不是因为我渴望挑战、财富和地位。

尼采狂欢式的写作十分切实，能让我们留心可能潜伏在我们内心"善良天使"背后的权力欲望。相当讽刺的是，尼采反对带着怀疑的目光审视自己的内心，但当你读他的作品时，总是会忍不住开始审视自己的动机。尼采指引着我们变得强大，让我们面对往事时不仅能释怀，还能遗忘。此外，这些令人振奋或者起码净化人心的思虑足以成为道德规训。

凡是称为"善"的事物，起码都必须包含自我牺牲的元素。

但是，在信仰上，存在主义思想家能教给我们什么呢？

克尔凯郭尔与自称反基督的尼采一样,认为上帝已死,或者
说,至少对上帝的信仰即将消散。在公然与一家流行报刊发生冲
突之后,习惯散步的克尔凯郭尔会被哥本哈根街头的顽童们包
围,后者揶揄地朝他大喊:"非此即彼。"要么怀有信仰,要么没
有信仰。克尔凯郭尔表示,神圣与世俗之间的选择不是凭理性就
能做出的。换句话说,如果你完全听从理性的指引,你就已经做
了选择。相反,涉及信仰时,会产生一种强烈的冲突。这就是克
尔凯郭尔反复强调的那句"树倒路中央"的老话。毕竟,随着人
们追求科学知识的热情迅速高涨,信仰的潮水退去难道会是令
人意外的事吗?马修·阿诺德(Matthew Arnold)的诗《多佛海
滩》(*Dover Beach*)谈论的就是信仰与理性交错后产生的碰撞。
第四诗节如下:

> 信仰的海洋
>
> 曾一度丰盈,拥抱着海岸线
>
> 如一条光辉的腰带
>
> 但现在,我只听见
>
> 它退潮的呼啸抑郁悠长
>
> 呼应着崖壁下的夜风
>
> 退去,留下赤裸的砾石

对于那些渴望沐浴信仰之海的人来说,克尔凯郭尔最深刻的

神学见解便是把信仰与冒犯联系在一起。对克尔凯郭尔时代的人以及更多如今的人来说，人们往往会把宗教简化为一种模糊的精神形式，或是某种类似入门哲学的东西——它蕴含着善意、振奋人心，那些没有依据的传说要是能有科学论据就更好了。克尔凯郭尔曾说，信仰是放弃世界的同时又希望世界回归的矛盾行为。在这个意义上，他谈到了信仰的客体，将永恒置于时间之中且为其设定终期的想法本就是矛盾的，是无法用理性来解释的。

　　根据克尔凯郭尔的观点，在面对信仰与理性的冲突时，我们有两种选择：要么被理性之人的反对冒犯，与其争辩；要么退到一边，笑着说信仰是在理性之上的。在晚年的一篇日记中，克尔凯郭尔写道：

> 　　每一代人里的大多数……都在事态会变得更好的幻想中生活，然后死去。如果他们能活得更久，就会持续不断地去理解更多的东西。人要获得多少成熟的经验才能发现：存在一个关键的转折点，在那之后，人们会越来越清楚地明白有些事是无法理解的？

　　理解无法理解的事物的重要性，会把理性与基督教信仰的悖论愉快地联系起来。

　　在克尔凯郭尔的文化矿藏之中，另一大智慧是：信仰的价值不在于信仰本身，而在于处理我们与无信仰的关系。克尔凯郭尔在《论怀疑者》中表示，信仰与怀疑并不对立，因为两者皆是热切关心世界本原的表现。重要的是当你发现自己摇着头，不再相信世上存在着全知而博爱的上帝时，你是否还会向你所不信仰的上帝祈祷，或向他挥手告别，认为信仰只是一种说有就有，说没有就没有的感觉？常常有人说："我失去了信仰。"但是根据克尔凯郭尔所建立的框架来看，信仰不是你失去的什么东西。很可能在你抛弃信仰一段时间后，你会觉得你是被动地丢弃了信仰，而实际上，你是拒绝了一个必不可少的东西。

信仰的价值不在于信仰本身，而在于处理我们与无信仰的关系。

这本书提供了在虚伪的世界中过上真实生活的方法。以我们有可能定义心灵是否健康的方式，装作我们成功地定义了真实，这并非诚实之举。莱昂内尔·特里林（Lionel Trilling）在《诚与真》一书中，整理了尼采短篇作品标题名称的系谱图。特里林认为，真实是在真诚的概念下诞生的。而除诚信之外，真诚一直被理解成圆满地完成工作、履行职责和扮演我们在生活中的角色。特里林写道："真诚是文明本身的原则，它确保了英国人最为骄傲的品质——真诚。为人真诚意味着他们与事物、彼此、自我的

关系很纯粹。"在特里林之后，真实理念的意义发生了变化，更倾向于与积极向上的事物产生联系，抨击曾经危害世界的机器、技术和万恶的金钱统治。真实逐渐成了某种存在，而非某种拥有的属性。

自然而然地，人们会把伪装和真实看作相对立的两极。但特里林提醒我们，尼采本人虽然要求"做自己"，但他也坚信"深刻的灵魂都需要掩饰"。因为看上去，"所有伟大的事物都掩藏在凶恶而恐怖的面具之下，这样才能刻进人们的心中，让他们心生渴望"。

除了尼采之外，其他存在主义哲学家都把真实性与做真实的自我联系了起来。而本书则处于创造自我（或发现自我）和思考"真实自我"的分界线上。是否有一种更深层次的自我，是我们注定要去发现和实现的？还是以自己的文化、天赋、情感为调色板，像艺术创作一样塑造？当然，克尔凯郭尔认为与自我的真实关系需要奋力求之——最后，当然离不了——做出巨大的信仰飞跃。

参考文献

Bakewell, Sarah. *At the Existentialist Café: Freedom, Being, and Apricot Cocktails.* New York: Other Press, 2016.

Barrett, William. *The Illusion of Technique.* Garden City, NY: Anchor Books, 1979.

Becker, Ernest. *The Denial of Death.* New York: Free Press, 1973.

Camus, Albert. *The Fall.* Translated by Justin O'Brien. New York: Vintage Books, 1984.

———. *The Myth of Sisyphus.* Translated by Justin O'Brien. New York: Vintage Books, 1955.

———. *The Stranger.* Translated by Matthew Ward. New York: Vintage Books, 1989.

Cioran, E. M. *The Trouble with Being Born.* Translated by Richard Howard. New York: Seaver Books, 1986.

Cooper, David E. *Existentialism.* Cambridge: Blackwell, 1993.

DeLillo, Don. *White Noise.* New York: Penguin Books, 1986.

Dostoevsky, Fyodor. *Notes from Underground.* Edited and translated by Michael R. Katz. New York: W. W. Norton, 1989.

Farrington, Tim. *A Hell of Mercy: A Meditation on Depression and the Dark Night of the Soul.* San Francisco: HarperOne, 2009.

Guignon, Charles, and Derk Pereboom, eds. *Existentialism: Basic Writings: Kierkegaard, Nietzsche, Heidegger, Sartre.* Indianapolis: Hackett Publishing, 1995.

Heidegger, Martin. *Being and Time.* Translated by John MacQuarrie and Edward Robinson. New York: Harper Perennial Modern Thought, 1962.

Horwitz, Allan V., and Jerome C. Wakefield. *The Loss of Sadness: How Psychiatry Transformed Normal Sorrow into Depressive Disorder.* Oxford: Oxford University Press, 2007.

Kierkegaard, Søren. *Concluding Unscientific Postscript to "Philosophical Fragments."* Edited and translated by Howard V. Hong and Edna H. Hong. Princeton: Princeton University Press, 1992.

———. *Either/Or, Part I.* Edited and translated by Howard V. Hong and Edna H. Hong. Princeton: Princeton University Press, 1987.

———. *Either/Or, Part II.* Edited and translated by Howard V. Hong and Edna H. Hong. Princeton: Princeton University Press, 1990.

————. *Fear and Trembling/Repetition*. Edited and translated by Howard V. Hong and Edna H. Hong. Princeton: Princeton University Press, 1983.

————. *Kierkegaard's Journals and Notebooks*. Edited by Bruce H. Kirmmse. Vols. 1–6. Princeton: Princeton University Press, 2007–12.

————. *Søren Kierkegaard's Journals and Papers*. Edited and translated by Howard V. Hong and Edna H. Hong. Vols. 1–7. Bloomington: Indiana University Press, 1967–78.

————. *The Concept of Anxiety: A Simple Psychologically Orienting Deliberation on the Dogmatic Issue of Hereditary Sin*. Edited and translated by Reidar Thomte in collaboration with Albert B. Anderson. Princeton: Princeton University Press, 1980.

————. *The Sickness unto Death: A Christian Psychological Exposition for Upbuilding and Awakening*. Edited and translated by Howard V. Hong and Edna H. Hong. Princeton: Princeton University Press, 1983.

————. "At a Graveside." In *Three Discourses on Imagined Occasions*, edited and translated by Howard V. Hong and Edna H. Hong. Princeton: Princeton University Press, 1993.

————. *Works of Love*. Edited and translated by Howard V. Hong and Edna H. Hong. Princeton: Princeton University Press, 1995.

Kristeva, Julia. *Black Sun*. Translated by Leon S. Roudiez. New York: Columbia University Press, 1989.

Marino, Gordon, ed. *Basic Writings of Existentialism*. New York: Modern Library, 2004.

———. *Kierkegaard in the Present Age*. Marquette: Marquette University Press, 2001.

Martin, Mike W. *Self-Deception and Morality*. Lawrence, Kansas: University Press of Kansas, 1986.

May, Rollo. *The Meaning of Anxiety*. New York: W. W. Norton, 2015.

McCarthy, Vincent A. *The Phenomenology of Moods in Kierkegaard*. Boston: Martinus Nijhoff, 1978.

Nietzsche, Friedrich. *Ecce Homo*. Translated by Duncan Large. Oxford: Oxford University Press, 2007.

———. *On the Genealogy of Morals*. Edited by Walter Kaufmann. Translated by Walter Kaufmann and R. J. Hollingdale. New York: Vintage Books, 1989.

———. *The Gay Science*. Translated by Walter Kaufmann. New York: Vintage Books, 1974.

Norris, Kathleen. *Acedia and Me: A Marriage, Monks, and a Writer's Life*. New York: Riverhead Books, 2010.

Rieff, Philip. *Freud: The Mind of the Moralist*. Chicago: University of Chicago Press, 1959.

———. *The Triumph of the Therapeutic: Uses of Faith After Freud*. New York: Harper & Row, 1966.

Sartre, Jean-Paul. *Being and Nothingness: A Phenomenological Essay on Ontology*. Translated by Hazel E. Barnes. New York: Washington Square Press, 1984.

———. *Existentialism Is a Humanism*. Edited by John Kulka.

Translated by Carol Macomber. New Haven: Yale University Press, 2007.

———. *Nausea.* Translated by Lloyd Alexander. New York: New Directions Publishing, 1964.

Schopenhauer, Arthur. *Parerga and Paralipomena.* Translated by E. F. J. Payne. Oxford: Clarendon Press, 1974.

Sheehy, Gail. *Passages: Predictable Crises of Adult Life.* New York: Bantam Books, 1976.

Smith, Emily Esfahani. *The Power of Meaning: Crafting a Life That Matters.* New York: Crown, 2017.

Taylor, Charles. *The Ethics of Authenticity.* Cambridge: Harvard University Press, 1991.

Tillich, Paul. *The Courage to Be.* New Haven: Yale University Press, 1952.

Tolstoy, Leo. *The Death of Ivan Ilych and Other Stories.* Translated by Rosemary Edmonds. New York: Penguin Classics, 1989.

Watts, Alan W. *The Wisdom of Insecurity: A Message for an Age of Anxiety.* New York: Vintage Books, 2011.

Yalom, Irvin D. *Love's Executioner and Other Tales of Psychotherapy.* New York: Basic Books, 2012.

致 谢

或许不感恩源于希求自主的骄傲，源于对亲力亲为的渴望。我在前面提到过我的（非此即彼的）心灵导师菲利普·里夫，过去常抱怨"忘恩负义的铁律"，但我会永远感谢他。生怕忘了提到谁，我这里谨对帮助我完成这本书的人致以诚挚的谢意。

我是一名拳击教练。说到教练，绝对是体育运动中最需要热情和耐心的职业。写作亦然。我很幸运，有一个坚强有力的班子为我提供指导。从我写下第一个字到最后收尾，我的经理人吉尔·克尼利姆（Jill Kneerim）一直给予我情感上的支持和写作技巧上的指导。在写作过程中，对于我直面自己时会产生的内心障碍，比阿特丽斯·毕比医生比我自己更清楚。不论何时，只要我丧失了信心，她都会陪在我身边。我的儿子菲利普·马里诺（Philip Marino）现在是一名编辑，他耐心地指点着我，就像过去我在橄榄球场上指导他那样。我欣赏他以编辑的眼光做出评价，欣赏他清晰的思路，还有，感谢他没有对父亲的抱怨逆来顺受。感谢儿子保罗（Paul）、哥哥托马斯（Thomas）、教友内德·罗杰斯（Ned Rogers），感谢他们耐心地听我发牢骚，用心鼓励我。此书献给我的妻子苏珊，几乎我所有的作品都是她从头到尾用心编辑的。她对我恩重如山。

HarperOne 的出版人马克·陶伯（Mark Tauber）是我撰写这本书的主要推动者。他对我的期待和信任使该项目得以顺利开展。对此以及后续的种种，我感激不尽。多谢我的编辑迈尔斯·多伊尔（Miles Doyle），他聪明睿智、富有耐心，总是能够巧妙、委婉地提出一些明智的建议，总能想到一些我想不到的地方。我还要感谢伊娃·埃佛里（Eva Avery）和苏珊娜·奎斯特（Suzanne Quist），感谢她们对我想表达的至理名言进行修订、润色。以及诺厄·格林伯格（Noah Greenberg），谢谢他敏锐的眼光和宏大的气量。

在我担任教授兼克尔凯郭尔哲学图书馆主任期间，我的助手艾琳·夏莫塔（Eileen Shimota）无数次挺身而出，帮我应付各种事情，让我能腾出时间写作。对于她的挺身而出和热情鼓励，我表示由衷感谢。

存在主义救了我

[美] 戈登·马里诺 著

王喆 柯露洁 译

图书在版编目 (CIP) 数据

存在主义救了我 / (美) 戈登·马里诺著;王喆,柯露洁译. — 北京:北京联合出版公司,2019.7

ISBN 978-7-5596-3253-1

Ⅰ.①存… Ⅱ.①戈… ②王… ③柯… Ⅲ.①存在主义—通俗读物 Ⅳ.① B086-49

中国版本图书馆 CIP 数据核字 (2019) 第 092042 号

THE EXISTENTIALIST'S SURVIVAL GUIDE:
How to Live Authentically in an Inauthentic Age

by Gordon Marino

THE EXISTENTIALIST'S SURVIVAL GUIDE:
How to Live Authentically in an Inauthentic Age
Copyright © 2018 by Gordon Marino.
Published by arrangement with HarperOne,
an imprint of HarperCollins Publishers.
Chinese Simplified translation copyright © 2019
by United Sky (Beijing) New Media Co., Ltd.
ALL RIGHTS RESERVED

选题策划	联合天际·王 微
责任编辑	牛炜征
特约编辑	何 川
美术编辑	晓 园
封面设计	左左工作室

未
UnRead
思想家

出 版	北京联合出版公司 北京市西城区德外大街 83 号楼 9 层 100088
发 行	北京联合天畅文化传播公司
印 刷	三河市冀华印务有限公司
经 销	新华书店
字 数	144 千字
开 本	787 毫米 × 1092 毫米 1/32 7.5 印张
版 次	2019 年 7 月第 1 版 2019 年 7 月第 1 次印刷
I S B N	978-7-5596-3253-1
定 价	58.00 元

关注未读好书

未读 CLUB
会员服务平台